ORIGINES DE PARIS

ET DE

TOUTES LES COMMUNES, HAMEAUX, CHATEAUX, ETC.

DES DÉPARTEMENTS DE

SEINE· ET SEINE-ET-OISE

Par J.-B. ROBERT

ÉTYMOLOGIES, CULTES ET CÉRÉMONIES RELIGIEUSES

USAGES, SUPERSTITIONS, ETC.

> « Emigrés de l'Asie centrale vers l'occident
> « de l'ancien monde, avec leur religion, leur
> « langue et leurs traditions, les peuples de la
> « famille indo-celtique s'étaient ramifiés d'é-
> « tape en étape......
> « Leur culte conservait pareillement des
> « traces plus visibles d'une origine orientale;
> « l'adoration du feu, qui en faisait le fond,
> « comme des religions indiennes et persanes,
> « ne les mettait pas moins au-dessus des peu-
> « ples barbares, leurs voisins, que la science
> « et l'austère génie de leurs druides. »
> HERSART DE LA VILLEMARQUE.

TOME PREMIER — IIᵉ LIVRAISON

PARIS

DUMOULIN, LIBRAIRE

QUAI DES GRANDS-AUGUSTINS, 13

MDCCCLXIV

Theoderik, Chlodomir[1], Hildebert[2] et Chlother[3] partagèrent les Fils de Clovis
États de leur père, et la Gaule fût divisée en quatre Royaumes.
Chlodomir mourût en 524, alors trois Rois seulement dominèrent
dans ce pays. Hildebert s'intitula Roi de Paris; à sa mort en 558
Chlother lui succéda, mais devenu, peu de temps après, maître des
trois autres royaumes, il ne porta plus ce titre. Il meurt en 561
et la Gaule est de nouveau partagée entre quatre Souverains.

Haribert[4] l'un des quatre fils de Chlother prend le titre de Roi Haribert
et Hilperik.
de Paris jusqu'à sa mort arrivée en 567, et Hilperik[5] son frère
réunit alors le Royaume de Soissons à celui de Paris; ces deux
royaumes n'en formèrent qu'un seul et le Roi fît sa résidence
ordinaire dans cette dernière ville.

Outre la division de la Gaule en trois royaumes, il existait une Duché
Dentelin.
autre division en deux parties, la Neustrie[6] et l'Austrasie[7]; Paris
était compris dans la Neustrie, et, après la mort de Haribert,
cessant d'être la Capitale d'un Royaume, il devint celle d'un
Duché nommé DENTELIN ou DENZELIN qui avait pour limites l'Océan
et s'étendait le long du cours des Rivières de l'Oise et de la Seine;
il fût cédé par Chlother II au Roi d'Austrasie, mais il fût rendu
à la Neustrie sous Clovis II, et depuis Clovis II on ne parle plus
dans les monuments historiques du duché de Dentelin dont le nom
exprime la supériorité en distinctions et en sujets ; *lin* supérieur,
e en, *dent*, *denz* hommes, paysans, honneurs et distinctions.

Hilperik meurt assassiné en 584; il a pour successeur son fils Chlother II.
Chlother II, qui, après la mort de plusieurs princes de sa famille,
réunit en 613 sur sa tête les trois couronnes et règne seul dans
la Gaule; il réside à Paris, y meurt en 628 et laisse deux fils,
Dagobert[8] et Haribert II.

---

1. CHLODOMIR, *mir* prince, de là en persan, *mir* seigneur, chef de tribu et le mot
arabe, *emir, mir* en hébreu, prince, *chlod-o* très-illustre.

2. HILDEBERT, *bert* remarquable, *e* en, *hild* et *child* courage.

3. CHLOTHER ou CLOTAIRE, *her* chef, *chlot* renommée ; *aire* expérience, *clot*
distinguée.

4. HARIBERT, *bert* illustre, *i* dans, *har* parole et combat.

5. HILPERIK, *ik* qui possède, *per* brillant, *hil* courage.

6. NEUSTRIE, *e* dans, *tri* le cercle, *neus* obscur (syn. d'occident); *e* dans, *tri* abondant, *neus* terrein, surface.

7. AUSTRASIE, *e* dans, *si* pays, *tra* entre, *aus* rivières et montagnes; *e* dans, *si* contrée, *tra* vers, *aus* sud.

8. DAGOBERT, *bert* qui brille, *o* dans, *dag* la guerre; *bert* illustre, *o* parmi, *dag* les
principaux, les plus grands.

T. Ier. — 2e Liv.   11

Haribert et Dagobert.

Haribert meurt en 631 et Dagobert se trouve seul possesseur des vastes États des Franks; sa résidence est Paris ou dans des maisons voisines de cette capitale. Il meurt le 19 janvier 638 laissant deux fils en bas âge, Sigebert[1] qui fût Roi d'Austrasie et Clovis II de Neustrie et de Bourgogne[2].

Maires du Palais.

A cette époque commence à décroître la puissance des Rois et à se fortifier celle des Maires du Palais; ces derniers règnent sous le nom des Rois qui ne possèdent que ce titre et qui, en l'an 752, perdent cette unique prérogative.

Peppin le Bref.

Peppin[3]-le-Bref, fils de Karle[4]-Martel[5], Duc et Maire du Palais, fait condamner Hilderik III, le dernier de ces rois fainéans, à être déposé, rasé et renfermé dans un monastère et se fait proclamer roi à sa place. Il réunit la Neustrie à l'Austrasie et met toute la Gaule sous sa domination; ce fût le Chef de la dynastie Carolingienne.

Charlemagne

Karle ou Charles, dit le Grand, dit Charlemagne, lui succède en 768, et en 772 après la mort de son frère Karloman[6] il règne seul dans la Gaule et dans les autres contrées qui en dépendent, puis en l'an 800 il se fait à Rome proclamer Empereur d'Occident et même Auguste. Ce fût le premier Prince Frank qui, malgré plusieurs taches de barbarie qui ont souillé sa mémoire, offrit un caractère d'héroïsme et de magnanimité et montra du génie. Cet empire tomba avec l'homme qui le soutenait; le 28 janvier 814 il mourût dans son Palais d'Aix-la-Chapelle.

Lodewig-le-Débonnaire.

La dévotion de Lodewig-le-Débonnaire, si cruellement outragé par ses fils, la méchanceté, la faiblesse et l'impéritie de Karle-le-Chauve, hâtèrent la ruine de la dynastie Carolingienne; ces princes guidés par la Noblesse et le Clergé livrèrent la Gaule aux plus affreux désordres et se laissèrent entièrement dépouiller de l'autorité souveraine par ces deux classes.

Invasion des Normands.

Pendant plus d'un siècle, les Normands, dans leurs nombreuses incursions, vinrent, à diverses reprises et sur différents points,

---

1. **SIGEBERT,** *bert* illustre, *e* dans, *sig* la bataille.

2. **BOURGOGNE,** *ne* près, *og* rivières, vallées et montagnes, *bourg* habitation, contrée.

3. **PEPPIN LE BREF,** *pin* fort, vaillant, *pep* tout-à-fait; *pin* courage, *pep* au plus haut degré, *bref* qui a du retentissement, de là le gallois, *brefu* rugir.

4. **KARLE,** *karl-e* qui est fort, vaillant, courageux.

5. **MARTEL,** *el* qui renferme, qui détient, *mart* la mort et le salut.

6. **KARLOMAN,** *man* homme, *karl-o* très-fort, très-brave.

piller et dévaster la Gaule; Paris eût sa part de ces évènements désastreux; en 845 la veille de Pasques ils se présentent devant Paris où rien n'est disposé pour sa défense, on ne leur oppose aucune résistance et tout devient la proie des Normands; à la fin de décembre 856 ils pillent Paris pour la seconde fois et continuent leur dévastation pendant tout le mois de janvier 857; pour la troisième fois au mois de janvier 861 il envahissent Paris et le brûlent ainsi que la basilique de Saint-Vincent, et, arrivés au-dessus de Paris avec leurs barques, ils entrent dans la Marne et pillent l'abbaye de Saint-Maur.

En 877, Karle-le-Chauve ordonna que la Cité de Paris, les châteaux situés sur la Seine et spécialement le château de Saint-Denis seraient rétablis ou réparés; ces réparations mirent Paris en état de défense. Karle-le-Chauve mourût cette même année.

Lodewig-le-Bègue lui succède et meurt en 879, laissant le royaume partagé entre ses deux fils Lodewig III et Karloman. Karloman, seul roi depuis la mort de son frère, meurt le 6 décembre 884 et est remplacé par Karle-le-Gros, roi d'Allemagne, descendant de Lodewig-le-Pieux.

Pendant vingt-quatre ans Paris n'éprouva aucune insulte de la part des Normands, mais en 885, au nombre d'environ trente mille combattants, commandés par Sighefrid[1], ils assiègèrent de nouveau Paris. Ce siège dura pendant treize mois et Karle-le-Gros arrivé à la tête d'une armée qu'il fit camper au bas de Montmartre, n'osa risquer une bataille et conclût avec eux une paix honteuse le 30 novembre 886. C'est pendant ce siége que meurt l'évêque guerrier Gozlin[2]. Après avoir pillé et ravagé les pays qu'arrose la Seine, au-dessus de Paris, les Normands vinrent ponctuellement dans cette ville pour y toucher la somme d'argent promise par le traité, et depuis cette époque Paris ne fût plus inquiété par eux.

Le comte de Paris, Eudes[3], fils de Robert[4]-le-Fort, se fait proclamer Roi de France par la voie de l'élection du vivant même de Charles-le-Gros qui est déposé et meurt le 12 janvier 888. Alors l'Empire Frank disparût pour toujours; Eudes était étranger à la race Austrasienne des fils de Karle; c'était un fils adoptif de

Marginalia: Karle-le-Chauve.

Marginalia: Karle-le-Gros.

Marginalia: Eudes.

---

1. SIGHEFRID, *frid* impétueux, *e* dans, *sigh* le combat.
2. GOZLIN, *lin* chef, *goz* courageux.
3. EUDES, en breton, *odon; es* qui est, *eud* grand, vaillant; *on* très, *od* grand, distingué.
4. ROBERT, *bert* illustre, *ro* superlatif; *bert* honneurs, richesses, *ro* beaucoup.

la Neustrie, et « un peuple nouveau était désormais constitué par l'absorption des Franks occidentaux dans la masse des Gallo-Romains; il n'y avait plus — dit Henry Martin — ni Franks ni Romains en Neustrie, il n'y avait plus que des Français. »

Karle-le-Simple. Cependant le parti de l'ancienne dynastie appelait secrètement à Rheims[1], le jeune Karle dit le Simple, fils posthume de Lodewig-le-Bègue, qui atteignait sa quatorzième année, et Foulques[2] Archevêque de Rheims le consacrait comme Roi le 28 janvier 893; une transaction s'en suivit avec Eudes qui ne vit pas l'exécution de ce pacte et mourut le 3 janvier 897, après avoir prié tous ceux qui l'entouraient de garder leur foi à Karle.

Roll. La restauration de la dynastie Carolingienne s'opéra pacifiquement et sans secousse; c'est pendant cette restauration qu'eût lieu à Saint-Clair-sur-Epte le 21 novembre 911, le traité avec les Normands, d'où résulta la cession à Roll[3] leur chef, de la contrée sise entre l'Océan, les Rivières d'Epte, d'Eure[4] et d'Aure[5], les frontières du Maine[6] et de la Bretagne, à la condition que Roll reçût le baptême et devint le vassal du roi dont il épousait en même temps la fille Ghisèle[7]; Robert, Duc de France, servit de parrain à Roll que depuis ce temps les chroniqueurs apellent le Duc Robert; c'est ainsi que les destructeurs de la France Romane devenaient ses fils adoptifs.

Robert. En 920, Robert, Duc de France, se fait proclamer Roi par ses vassaux et par ceux de Radulfe ou Raoul[8], son gendre, duc de Bourgogne, il est sacré dans l'église de Rheims le 24 juin 922 et tué dans un combat contre Karle le 15 juin 923. Raoul fût sacré le 13 juillet par le même Archevêque qui avait sacré Robert l'année précédente. Karle-le-Simple pendant ce temps était fait prisonnier par Héribert[9] comte de Vermandois[10], et sa femme la

---

1. **RHEIMS**, *s* abbréviation de *es* contrée, *rhe-im* auprès d'un courant d'eau ; *s* contrée, *rhe-im* très-abondante.
2. **FOULQUES**, *es* qui est, *fwlck* audacieux, hardi.
3. **ROLL**, *roll* téméraire, aventureux.
4. **EURE**, *eur-e* qui est claire, limpide.
5. **AURE**, *aur-e* qui disparaît, qui s'engloutit.
6. **MAINE**, *main e* qui est abondante, fertile.
7. **GHISELE**, *e* dans, *el* danger, *ghis* conjecture, divination, conjuration magique.
8. **RAOUL** ou **RADULFE**, *oul, wl* ardeur, *ra* extrême; *e* de, *wlf* courage, *rad* bouillant.
9. **HÉRIBERT**, *bert* qui se distingue, *i* dans, *her* le combat.
10. **VERMANDOIS**, *ois* contrée, *mand* beaucoup, *ver* sources; *wis* hommes, *mand* grandes, *ver* lances.

reine Odgiwe[1] s'enfuyait en Angleterre avec un fils de trois ans à qui le choix de son asile valut le surnom de Lodewig ou Louis d'Outre-Mer.

Karle mourût au mois d'octobre 929 et Raoul le 15 janvier 936.

Hugues[2] de France, fils de Robert, qui aima mieux faire un Roi que de l'être lui-même, envoya à la Cour du roi des Anglo-Saxons redemander le fils de Karle-le-Simple en exil outre-mer depuis 13 ans, et il fût oint et couronné à Laon[3] par l'Archevêque de Rheims. Hugues avait voulu l'habituer à vivre à Paris sous sa tutelle, mais dès le premier mois de 937, Lodewig quitta Paris et commença de voler de ses propres ailes, et après quelques années de guerres civiles et étrangères, il mourût le 10 septembre 954, laissant deux fils, Lother[4] âgé de treize ans et Karle ou Charles âgé d'un an.

Lother fût sacré à Rheims deux mois après la mort de son père. Hugues mourût le 16 juin 956 en recommandant à son gendre, Richard de Normandie, Celui de ses fils qui devait lui succéder dans le duché de France. Ce fils était Hugues Capet[5] alors âgé d'environ dix ans. **Hugues Capet**

Le 1er octobre 978, Othon[6] de Germanie entrait en France et s'avançait jusqu'à Paris. Il manda à Hugues enfermé dans cette ville qu'il allait lui faire chanter un Alleluia tel qu'il n'en avait jamais ouï, et montant sur Montmartre avec toute son armée, il fit entonner le cantique : *alleluia te martyrum*, par une multitude de Clercs auxquels répondaient en chœur soixante mille guerriers. Le chroniqueur Baudri[7] de Cambrai prétend que Hugues et tout le peuple de Paris, saisis de stupéfaction, demeurèrent les oreilles assourdies. Suivant la chronique de Sithieu[8], Othon s'avança au galop jusqu'aux fossés de Paris et darda sa lance dans la porte de la ville. Les Parisiens tentèrent une sortie avec leur vaillance

1. ODGIWE, *e* dans, *giw* traversée, *od* qu'on admire; *e* sur, *giw* eau, *od* qui excelle.
2. HUGUES, *gues* manières, façons, *hu* distinguées; *es* distinction, *hug-u* en courage et intelligence.
3. LAON, *laon* élévation et lieu sacré.
4. LOTHER, *her* guerrier, *lot* illustre.
5. CAPET, *et* en quantité, *cap* honneurs, distinction; *et* le lieu, le joug, *cap* qui tranche, qui coupe; *et* les biens, les possessions, *cap* qui défend et qui détruit.
6. OTHON, *on* chef, *oth* éminent.
7. BAUDRI, *ri* très, *baud* brave, courageux.
8. SITHIEU, *eu* toujours, *i* en, *sith* paix et réunion.

accoutumée et l'on escarmoucha vivement au milieu des flammes qui dévoraient le faubourg. Othon ne tenta point l'assaut, il resta trois jours campé devant Paris, puis commanda la retraite. Lother mourût à Rheims le 2 mars 986, laissant deux fils, Lodewig qui lui succéda et le bâtard Arnoul[1] qu'il avait voué à l'église.

Les seigneurs français, et Hugues tout le premier, prêtèrent serment au jeune roi Lodewig et à sa mère et couronnèrent Lodewig à Compiègne[2], mais le duc Karle s'installant en maître à la cour de son neveu, ôta tout pouvoir à la Reine-mère, et la petite Cour Carolingienne devint un foyer de troubles, de discordes et de violences.

A la suite d'une chûte faite à la chasse, Lodewig mourût le 21 mai 987; Karle chercha à faire valoir son droit héréditaire, mais une Assemblée nombreuse et imposante de Seigneurs Français se réunit à Senlis[3]; l'Archevêque de Rheims ouvrit le débat en disant : « Karle a ses fauteurs qui le prétendent digne du Royaume par le Droit que lui ont transmis ses parents, mais le royaume ne s'acquiert point par Droit héréditaire et l'on ne doit élever à la Royauté que celui qu'illustre non-seulement la Noblesse matérielle mais la Sagesse de l'esprit, Celui que soutiennent la Foi et la Grandeur d'âme. » et du consentement de tous, le Duc de France, Hugues Capet fût élevé au Royaume, puis on se transporta de Senlis à Noyon[4], et là, le 1er juillet 987, le métropolitain et les autres Évêques sanctionnèrent par l'onction du Sacre le choix de l'assemblée nationale et l'irrévocable Déchéance de la Race Carolingienne[5].

Pendant cette période :

Serfs.

La condition des Serfs[6], dit Dulaure, différait peu de celle des animaux domestiques, leurs Maîtres les achetaient, les vendaient,

Ingenus.

pouvaient les battre et les tuer, et les Ingenus[7] ou Hommes Libres

1. ARNOUL, *wl* très, *arn* impétueux.
2. COMPIÈGNE, *ne* auprès, *eg* eau, rivière, *i* auprès, *comp* confluent, vallée, vallon entouré de collines.
3. SENLIS, *lis* rivière, *sen* courbure ; *lis* palais, *sen* ancien ; *lis* temple *sen*, sacré.
4. NOYON, *yon* eau et élévation, *no* auprès.
5. CAROLINGIENNE, *ienn-e* de famille, *ing* puissante, *kar-ol* très-grande et très-estimée.
6. SERF, *serf* tremblant, qui n'est pas stable, qu'on peut aisément transporter.
7. INGENUS, fief *ingenu* c'est-à-dire fief libre, fief noble; *ingenu* se disait aussi pour originaire du pays; *gen-u* engendré, *in* dedans; *u* contrée, pays, *en* sans, *ing* violence et joug.

étaient pour les Comtes et autres Seigneurs féodaux les objets
d'une persécution continuelle. Les brigandages et les guerres sans
fin des hommes puissants ruinaient le commerce, l'industrie et
l'agriculture. Ces hommes puissants étaient les descendants de
ceux que les Franks en entrant dans la Gaule trouvèrent déjà
établis sous les dénominations de Ducs , de Comtes[2] etc., dénominations qu'ils conservèrent ou auxquelles ils substituèrent celle de
Graphion[3] et aussi cette autre classe d'hommes puissants importée
par les Franks sous les noms de Leudes[4] et Antrustions[5], compagnons d'armes du Chef, qui partagèrent avec lui le butin et les
terres qu'on appelait terres Saliques[6] et qui participèrent au gouvernement. Le Roi était alors le Chef des Leudes comme dans les
commencements de la troisième race il fût le chef de ses Pairs.

Leudes.

La barbarie des Franks amena dans la Gaule le mépris des
lettres, l'ignorance ; la féodalité en fit disparaître l'ordre, la
justice et la raison, dénatura la religion, déprava les mœurs, en-
gourdit les facultés intellectuelles, dessécha les âmes, étouffa tout
sentiment généreux, fit régner les passions abjectes telles que la
cupidité, la perfidie, des passions odieuses telles que la vengeance
et la férocité; les superstitions les plus absurdes furent adoptées et
servirent de règles; l'astrologie, les divinations, les augures, la
magie, les sortiléges et les épreuves par le feu et le fer chaud, par
l'eau froide ou bouillante, épreuves auxquelles on donnait le nom
imposant de Jugements de Dieu, furent en grand crédit et autorisés
par les Évêques et même par des Conciles, et si l'on en excepte
les règles de Pepin-le-Bref, de Charlemagne et de Louis-le-Débon-
naire, on trouve dans les princes Carolingiens les mêmes désordres,
les mêmes erreurs, les mêmes crimes que chez les Mérovingiens.

Jugements
de Dieu.

Une loi de Hildebert, roi de Paris, d'environ l'an 554, porte :
« nous défendons les désordres qui se commettent pendant la nuit
« à la veille des fêtes même celles de Pasques et de Noël, veilles
« où l'on ne s'occupe qu'à chanter, boire et s'enivrer et où l'on se

---

1. **DUC**, *duc* chef de troupe, petit roi, *ducos* en chaldéen, général; en vieux français
DUS, *dus* grand, élevé

2. **COMTE**, *comt-e*, dans les honneurs, les dignités.

3. **GRAPHION**, *on* qui domine, *i* en, *graph* autorité, puissance.

4. **LEUDE**, *leud-e* qui est exempt de charges; *de* réitération, *leu* serment.

5. **ANTRUSTION**, *tion* garde, protection, *antrus* toujours inébranlable; *tion* garde,
an-trus habitations nobles.

6. **SALIQUE**, *ik-e* de la contrée, *sal* l'héritage, le sol, la base, le fondement.

« livre à d'autres débauches. Nous ordonnons aussi aux femmes
« qui, le jour de Dimanche parcourent les campagnes en dansant,
« de cesser cette pratique qui offense Dieu.

En 568, Grégoire, Évêque de Rome écrivait à Brunehaut[1] Reine
des Franks : « vous devez aussi avec modération contraindre vos
« sujets à se soumettre à la discipline de l'Église, de sorte qu'ils
« n'immolent plus aux Idoles, qu'ils n'adorent plus des Arbres,
« qu'ils n'étalent plus en public les têtes des animaux dont ils ont
« fait des Sacrifices impies. Nous sommes mêmes informé que
« plusieurs chrétiens qui accourent aux églises continuent ce-
« pendant à rendre un culte aux Démons.

Venus.

Au VIIe siècle, Venus[2] avait encore un Temple et des Prêtresses à Rouen ; les fêtes, les cérémonies religieuses consacrées
à cette divinité étaient publiquement célébrées dans cette ville
et ne furent abolies que par SaintRomain[3]. A Paris comme
dans toute la France, la religion chrétienne se trouvait tout-à-
fait dénaturée et elle resta dans cet état pendant tous les siècles
de barbarie.

Noms avec
significations
multiples
des édifices
religieux.

Dans ces premiers temps Chrétiens les temples de la nouvelle
Religion reçurent des Dénominations à significations multiples
par imitation des usages Druidiques dont les souvenirs n'étaient
point encore éteints, et c'est ainsi que pour marquer uniquement
l'Existence d'un édifice consacré comme le faisaient les noms
précédemment cités de Pollux, Castor, Jovis, Cernunnws etc.
on voit figurer ceux de Saint-Paul, de Saint-Laurent, Saint-
Gervais, Saint-Severin etc. *Laurent* constatera un grand temple,
ent grand, *Laur* temple, de là en grec *Laura*, monastère, *Gervais*
indiquera un petit temple, *vais* temple, *ger* petit, et *protais* un lieu
vénéré, *tais* lieu, *pro* ancien et vénéré, *Severin* signifiera accomplissement de mystères divins, *rin* mystères, *e* de, *sev* immersion
et baptême, dans une enceinte en forme d'arcades, *in* dans, *er*

---

1. **BRUNEHAUT**, *haut* élevé, *e* en, *brun* honneurs, distinctions, dignités.

2. **VENUS**, *us* principe, source, *ven* vie, existence ; *vs* le plus haut degré, *ven* beauté,
bonté, agréments, charmes, ris, bon accueil, bon visage ; *us* lumière, *ven* belle,
céleste. Dans le siècle dernier, le culte de Sainte *Venise* inconnue dans les actes,
existait encore au Bois-Guillaume près Rouen, à Valenciennes et à Tournay. La
légende de cette sainte dans laquelle il est facile de reconnaître l'*alma mater* des
Latins, lui donnait pour époux Saint Amator, et la fête de Saint Amator avait lieu
comme celle de Venus, le 1er mai.

3. **ROMAIN**, *main* grand, généreux, libéral, *ro* au suprême degré.

enceinte, *sev* fait en forme d'arcades, *Paul* marquera un temple et *saint* qui accompagne ces différents noms annoncera que ces divers édifices sont consacrés à la Divinité[1], en effet croire à la lettre, c'est-à-dire dans le sens ou acception s'offrant d'abord à l'esprit, que tous les temples chrétiens sont selon l'apparence sous l'Invocation des Saints dont il portent le Nom, aurait pour conséquence illogique et fatale qu'aucune église ne fût érigée en l'Honneur de Dieu, conséquence qui dénoterait un profond athéisme ou une grande absurdité, or, de tout temps et sous l'ordination Bardique comme sous l'ordination Ecclésiastique, l'Amour de Dieu a rempli le cœur de l'homme, de tout temps et dans les synodes Druidiques comme dans les conciles Catholiques, dans les Forêts sacrées comme dans les Basiliques, l'homme eût le plus profond respect pour la Divinité, le premier chant du Barde était en l'honneur de Dieu, comme il est de principe chrétien d'élever dans nos cantiques les vertus éternelles du Médiateur, infiniment au-dessus des vertus et des miracles souvent posthumes des Bienheureux du paradis[2]; c'est en vain que quelques personnes consciencieuses, ou que d'autres plus ou moins intéressées dans la question, mettraient en avant le mérite de l'Intercession, nous répondrions par cette maxime usuelle et éminemment évangélique que de tout temps aussi on aima mieux « avoir affaire au bon Dieu qu'à ses saints. »

Pendant la seconde race, il est de notoriété que les prêtres changèrent les noms de différentes églises, dès lors ne suivant plus dans les appellations des établissements religieux que les caprices de l'imagination, la valeur primitive et réservée de ces appellations dût disparaître, et les significations se trouvèrent ainsi altérées ou dénaturées.

Parmi ces Établissements Religieux, ceux qui se trouvaient dans la partie Méridionale de Paris ou rive gauche, comprenaient notamment : **Établissements religieux.**

La basilique des apôtres Saint Pierre et Saint Paul depuis nommée abbaye de Sainte Geneviève dont Clovis et Chlothilde étaient les fondateurs et qui y fûrent enterrés. **St-Vincent.**

---

1. La tête des saints est surmontée de l'auréole, c'est-à-dire du CERCLE, symbole de la Divinité druidique.

2. PARADIS, *dis* le jour, la lumière, *para* belle, parfaite, continuelle, perpétuelle.

La basilique de Saint Vincent depuis nommée église de Saint-Germain des Prés.

Le tombeau de Saint Germain était placé près du Puits qui existait au fond du sanctuaire. Abbon[1] dans son poëme sur le siége de Paris par les Normands mentionne ce Puits et les vertus merveilleuses de son eau qui avait la réputation de guérir miraculeusement plusieurs maladies. Les anciens plaçaient la Vérité au fond d'un puits, nous avons notre expression puits de Science et ce mot *puits*, *Pwys*, *Pwyth*, signifie science, circonspection, prudence, feu interne, inspiration et autorité, et c'est pourquoi dans cette signification d'autorité on appelait *puits* à Venise l'espèce de brancard sur lequel montait le Doge nouvellement élu et qu'environ deux cents hommes promenaient autour de la place Saint Marc.

St-Julien le Pauvre.   L'église Saint-JULIEN le Pauvre.

Grégoire de Tours est le premier qui en fasse mention: il nous apprend qu'il logeait dans les bâtiments qui en dépendaient quand il venait à Paris. Dans les voyages on récitait le jour l'oraison de Saint Julien pour avoir le soir un bon gîte et sa réputation à cet égard était depuis longtemps établie. Ce saint était évidemment destiné à être un des Patrons des voyageurs, car *Julien* indique un abri après souffrance du froid, *ien* glace, froidure, *jul* lamentation, verser des larmes, de là le latin *ejulo*, *ien* dans l'habitation, *jul* action de se mettre à l'abri; et, comme édifice, *Saint Julien* signifie enceinte sous la protection divine, *en* enceinte, *i* à cause, *jul* science et protection, *saint* venant de Dieu. Au chevet de l'église, se trouvait également un puits qui opérait des guérisons miraculeuses et dont l'eau, dit Dulaure, faisait des merveilles tant qu'elle fût distribuée pour de l'argent, mais dont la réputation s'évanouit dès qu'il fût permis de la tirer gratis.

Saint Severin   L'église de Saint SEVERIN ou de Saint SINSURIEN.

L'origine en paraît inconnue et sans qu'on sache aussi auquel des Saints qui portaient ce nom cette église a pu être dédiée. Elle était dans une paroisse dont Saint Martin était un des patrons, aussi l'un des battants de la porte de la principale entrée était-il autrefois presqu'entièrement couvert de fers-à-cheval, car, ainsi que nous l'avons déjà dit, c'était un vieil usage lorsqu'on entre-

1. **ABBON,** *bon* distingué, *ab* père et seigneur.

prenait un voyage d'invoquer pour son succès l'assistance de Saint Martin comme antérieurement on invoquait Mercure ; pour témoignage de cette invocation on attachait un fer de cheval à la porte de cette église, et pour que le Saint protégeât le voyageur et sa monture, on faisait rougir au feu la clef de sa chapelle et on en marquait l'animal. Entre plusieurs reliques conservées précieusement dans l'église Saint Severin on citait le bras de Monseigneur Saint Severin, mais l'abbé Lebœuf qui paraissait avoir examiné cette relique dit que ce n'était qu'un petit os de la jambe droite.

Ces mots Saint SEVERIN expriment ainsi que nous l'avons vu plus haut l'accomplissement des divins mystères dans un temple consacré , *rin* secrets, mystères, prestiges , augures, enchantements, *e* en, *sev* immersion et posture d'un corps qui est debout; *in* dans, *er* lieu, *sev* fait en forme d'arcades, *saint* consacré.

Et Saint *Sinsurien* indique aussi cette immersion et l'accomplissement de pratiques religieuses dans le temple, *en* eau, *i* sur; *syn* tête et tronc, *en* chants, pratiques religieuses et dévotions, *i* dans, *sur* austère, *sin* sanctuaire, *sin* en turc tombeau, monument, et *sin* temple où l'on enterre les Rois selon Llin, *saint* consacré.

L'église Saint-ÉTIENNE des Grés.

St-Étienne des Grés.

Il existait dit Dulaure, beaucoup d'obscurité sur son origine et sur celle de son nom. Au XIIIe siècle elle était encore entourée de vignes et tout auprès de son bâtiment se trouvait le pressoir du roi. Son nom des *grès* est exprimé en latin de charte par *gressis, gressibus* et *gradibus*[1], ces différents noms sont synonymes de colline ou indiquent la proximité d'une élévation. *Estienne* signifie : vénéré dans la contrée, *enne* aimé, vénéré, *i* dans, *est* contrée; et *Saint Estienne* marque aussi la situation d'un temple auprès d'une montagne, *e* près, *enne* hauteur, colline, *esti* demeure, *saint* consacré.

L'église Saint BENOIT.

Saint Benoit.

Le lieu où cette église était située était également encore entouré de vignes au XIIIe siècle; son origine est incertaine et le plus ancien acte qui en parle mentionne le nom de Bacchus. Dans cette église qui succéda à celle de Saint Bacchus , on a

---

1. GRÈS, GRESSIS, GRESSIBUS, GRADIBUS, *grès* colline, élévation; *gressis, sis* auprès, *grès* hauteur. *Gressibus, bus* demeure, *si* contre, *grès* colline. *Gradibus, bus* demeure. *i* près, *grad* élévation, de là *gradus* latin, et *graddio* en gallois, élever à quelque rang.

pendant très-longtemps rendu un culte à ce dernier saint nommé
en français ou par abréviation Saint Bacch et que quelques hagio-
graphes ont associé à Saint Sergius; la fête de Saint Bacch se
célébrait le jour où l'on célébrait celle du Dieu du Vin dans les
environs de Paris. *Sergius* associé à Saint *Bacch* signifie jus en
tonneau, *us* jus, liqueur, *i* dans, *serg* futaille, et *bacch* coupe,
vase à boire. Cette église reçut ensuite le nom de Saint-*Benoit* qui
exprime la même idée, *oit* prononciation de *wit* plants de vignes
et jus, liqueur, *ben* bon, agréable et renommé; *ben* signifiait saint
et heureux, c'est de là que nous est venu le mot Benoit dans ce
dernier sens, *oit* habituellement, de là le basque *oitu* j'ai coutume,
et *ben* bienheureux.

Saint Marcel   L'église Saint MARCEL ou Saint MARCEAU.

Nous avons parlé précédemment de Saint Marcellus ou Marcel,
Évêque de Paris; il fût enterré dans l'emplacement de cette église
sur l'éminence nommée le Mont-Cetard. Son tombeau vénéré,
illustré par des miracles, donna naissance à cette église et à un
bourg qui dans la suite se forma à l'entour; ce bourg fût ensuite
nommé Chambois, eût sa juridiction particulière et fût même
entouré de fossés. Sous la première race l'édifice de Saint Marcel
ne consistait qu'en un petit oratoire élevé sur le tombeau du
Saint, dont parle Grégoire, comme d'un tombeau renommé par les
miracles qui s'y opéraient. Le corps de Saint Marcel lors de l'invasion des Normands, avait été transféré dans l'église de Notre-Dame,
et n'étant plus dans son église, il ne pouvait plus y opérer des
miracles, mais la Pierre de son tombeau y suppléa. Suivant un
ancien usage dont parle Grégoire de Tours, on raclait cette pierre
et sa poussière infusée dans un verre d'eau dévotement avalée
passait pour un puissant spécifique contre plusieurs maladies. En
1806 lorsqu'on démolit cette église, on recueillit un bloc de pierre
dont une des faces présente, en demi-relief grossièrement sculpté,
un Taureau couché que l'abbé Lebœuf considère comme un objet
sacré du paganisme et dans lequel M. Lenoir voit le taureau
céleste ou l'image du printemps; Dulaure pense que ce bas-relief
était la partie inférieure d'un des monuments élevés au Dieu-
Soleil Mithra, monument dont plusieurs existaient en France,
et Dulaure en induit que sur le Mont-Cetard était un Sanctuaire
du Paganisme auquel a succédé l'Église de Saint Marcel.

Saint Marcel outre les significations ci-dessus rappelées indique aussi le Tombeau dont il s'agit, *cel* qui cache, qui couvre, de là en gallois *celu* couvrir, cacher et notre verbe celer, *mar* mort, de là en gallois *mar* défunt, et en breton *maru* mort, défunt, *Saint* vénéré.

Saint Marceau indique le voisinage de ce tombeau; *aw* auprès, *ce* lieu qui renferme, *mar* mort, défunt, *Saint* vénéré.

Et *Chambois* marque une situation près d'une contrée vignoble, *bo-is,* auprès plants de vignes, touffes et branches avec feuilles et grappes, *cham* lieu, contrée, habitation.

La Cité renfermait ceux ci-après :

L'église Cathédrale qui porta le nom de Saint Étienne.

St-Étienne.

Elle fût établie à peu près à la place où sous Tibère on avait élevé un Autel à Jupiter; à cette basilique on en joignit une seconde nommée basilique de dame Marie, et dans un diplôme de Charles-le-Chauve de l'an 861, cette cathédrale est qualifiée de Saint Étienne et de Sainte Marie, Mère de Dieu ; *Marie* ainsi que nous l'avons vu déjà signifie la vraie lumière et *Estienne* vénéré dans la contrée. On ne connait, dit Dulaure, ni les dimensions ni la matière des deux édifices qui composaient la cathédrale de Paris, on ignore même les époques de la fondation de l'un et de l'autre et ils restèrent à ce qu'il paraît dans le même état jusqu'en l'an 1163 époque où Maurice de Sully, évêque, entreprit la construction de l'édifice qu'on voit aujourd'hui et dont nous reparlerons plus loin.

Saint Denis de la Chartre.

Saint Denis de la Chartre

Cette basilique semble remonter au temps de la première race, son origine est inconnue. Comme toutes les anciennes églises celle-ci avait une crypte[1] ou église souterraine, c'était dans cette crypte que, suivant une tradition, Saint Denis avait été emprisonné, on y montrait une grosse pierre carrée ayant à son milieu un trou circulaire, on disait que cette pierre était un instrument de son supplice et qu'on avait forcé le Saint à passer la tête dans ce trou et à la porter sur ses épaules. Cette pierre était évidemment, dit Dulaure, une table d'Autel à l'usage du Paganisme, et

---

1. CRYPTE, *te* demeure, habitation, *cryp* creusée, entaillée, de là le verbe gallois *crypio* tailler, entailler, et dans les anc. mon. *criptura* crevasse.

son existence dans ce lieu, ajoute-t-il, autorise à conjecturer que l'église de la Chartre fût bâtie sur un endroit consacré à une Divinité des anciens Romains. *Denis* comme on le sait déjà est synonyme de Dionisius, synonyme de Bacchus et la *Chartre* signifie une enceinte en général, *tre* demeure, *char* enclose, fermée, entourée, de là l'ancien français *Chartre* dans le sens de prison.

Ste-Catherine   La chapelle de Sainte CATHERINE, devenue depuis Saint SYMPHORIEN, et chapelle Saint LUC.

Sainte Catherine indique des cantiques et mystères dans une enceinte consacrée, *rine* mystères, *cathe* chants et cantiques; *rine* mystères, *e* dans, *cath* enceinte, de là l'irlandais *cathair* ville, *sainte* qui est consacrée.

Saint Symphorien.   *Saint Symphorien* marque un lieu consacré auprès de l'eau, *ien* auprès de l'eau, *phor* asile, retraite, *sym* principal, *saint* consacré.

Saint Luc.   Et notons en passant que si Saint Luc est considéré comme le patron des peintres, sculpteurs et graveurs, c'est que *luc* signifie pierre, science et art.

St-Martial.   L'abbaye Saint MARTIAL avec oratoire dédié au Saint de ce nom.

Saint Martial a pour signification: temple du taureau sacré et du salut divin, *al* temple, édifice, *i* du, *mart* bœuf, taureau et salut, *mart* en irlandais bœuf, et *mart* en écossais salut, *saint* sacré et divin.

St-Christophe   L'église Saint CHRISTOPHE :

Cette petite église ne fût érigée en paroisse qu'au XIIᵉ siècle. Saint Christophe situé en face de l'église Notre-Dame est qualifié en 690 de monastère de filles.

Légende de Saint Christophe ou Offerus.   D'après la légende, avant d'être chrétien, Saint Christophe se nommait Offerus; c'était une espèce de géant qui avait un gros corps, de gros membres et une grande et bonne figure. Quand il fût à l'âge de raison, il se mit à voyager en disant qu'il voulait servir le plus grand Roi du monde. On l'envoya à la cour d'un roi puissant qui fût bien réjoui d'avoir un serviteur aussi fort. Mais un jour, le roi entendant un chanteur prononcer le nom du Diable fit aussitôt le signe de la croix, avec terreur. — Pourquoi cela ? demanda Christophe — parce que je crains le Diable, répondit le roi. — Si tu le crains, tu n'es donc pas si puissant que lui ? alors je veux servir le Diable. Et Offerus quitta la cour; après avoir longtemps marché, il vit venir à lui une grande troupe de cava-

liers : leur chef était noir et lui dit : Offerus que cherches-tu ?
je cherche le Diable pour le servir. — Je suis le Diable, suis-moi.
Offerus suivit le Diable. Mais un jour, la troupe rencontra une
Croix sur le chemin et le Diable ordonna de retourner en arrière :
pourquoi cela ? dit Offerus — parce que je crains l'image du
Christ — si tu crains l'image du Christ, tu es donc moins fort que
le Christ ? alors je veux servir le Christ. Et Offerus continua seul
sa route. Il rencontra un bon ermite et lui demanda : où est le
Christ ? — partout répondit l'ermite — je ne comprends pas cela
dit Offerus ; mais si vous dites vrai, quels services peut lui rendre
un serviteur robuste et alerte ? — on sert Jésus-Christ par les
prières, les jeûnes et les veilles, ajouta l'ermite. — je ne peux
ni prier, ni jeûner, ni veiller, répliqua Offerus ; enseignez-moi
donc une autre manière de le servir ? l'ermite le conduisit au bord
d'un torrent furieux qui descendait des montagnes et il dit : les
pauvres gens qui ont voulu traverser cette eau se sont tous noyés,
reste ici, et porte ceux qui se présenteront à l'autre bord sur
tes fortes épaules; si tu fais cela pour l'amour du Christ, il
te reconnaîtra pour son serviteur. — Je veux bien le faire
pour l'amour du Christ, répondit Offerus. Il se bâtit donc une
petite cabane sur le rivage, et il transportait nuit et jour tous les
voyageurs d'un côté à l'autre du torrent. Une nuit, comme il
s'était endormi de fatigue, il entendit la voix d'un enfant qui
l'appela trois fois par son nom : il se leva, prit l'Enfant sur ses
épaules et entra dans le torrent, tout-à-coup les flots s'enflèrent
et devinrent furieux et l'enfant pesa sur lui comme un lourd
fardeau ; Offerus déracina un grand arbre et rassembla ses forces ;
mais les flots grossissaient toujours, et l'enfant devenait de plus
en plus pesant. Offerus craignant de noyer l'enfant lui dit en levant
la tête : enfant pourquoi te fais-tu si lourd, il me semble que je
porte le Monde. L'enfant répondit : non - seulement tu portes le
Monde, mais Celui qui a fait le Monde. Je suis le Christ, ton Dieu
et ton maître, Celui que tu dois servir. Je te baptise au nom de
mon père, en mon propre nom et en celui du Saint-Esprit. Désormais tu t'appelleras *Christophe*. Depuis ce jour, Christophe par-
courut la terre pour enseigner la parole du Christ, et il fût, selon
l'opinion la plus connue, martyrisé en Lycie, durant la persécution de Dèce, vers 251.

Allégorie. Les lecteurs de cette légende n'iront certes pas au delà des intentions de son auteur ; d'accord avec la raison et avec le légendaire, ils oublieront le matérialisme des faits pour ne retenir que le sens allégorique de cette époque de transition.

L'allégorie est du reste parfaitement exprimée par cette hésitation d'Offerus qui ne sait s'il doit Sacrifier au nouveau Culte ou à l'ancien et qui recherche en tâtonnant la FORCE[1] de l'une et de l'autre de ces deux Religions personnifiées par Diable et Dieu. Le légendaire étant chrétien fait disparaître la barbarie devant la civilisation dont il fait sentir tout le poids à Offerus; le nouveau culte l'emporte et Offerus finit par arracher l'Arbre, symbole de l'ancienne Religion pour choisir l'Immersion, symbole chrétien.

L'auteur de la légende ne pouvait plus heureusement baptiser son héros; le nom d'OFFERUS tout en exprimant l'hésitation, *us* habitude, *offer* tâtonnement, de là le gallois *offeru* barguigner, tâtonner, indique aussi le prêtre sacrificateur, *us* habitude, *offer* messe et sacrifice, de là le gallois *offeru* préparer ses instruments, le gallois et le breton *offeren* messe, et *offerenwr* prêtre, sacrificateur, de là le latin *offere* et notre mot liturgique *offertoire*.

Et CHRISTOPHE qui le remplace, montre d'abord la dureté envers ses semblables, *e* contre, *toph*, *toff* ami, prochain, semblable, de là le breton *toff* proche, prochain, *chris* dur, cruel, barbare, de là le breton *crizder* inhumanité, dureté, mais fait voir ensuite l'adoucissement des mœurs et la conversion du pécheur, *cris* le méchant, l'imposteur, celui qui fait le mal, *toffe* qui est dompté, adouci, converti.

Saint-Jean le Rond. La chapelle Saint-JEAN le Rond.

Cette chapelle située au nord de l'église cathédrale et presque dans l'alignement de sa façade, servait de baptistère à Notre-Dame. On y voyait de grandes cuves et la cuve ou bassin destiné au baptême par immersion.

Jean signifie aussi bien jet d'eau que jet de lumière, et *rond* indique une cuve, un bassin, de là en breton *rondach* couverture d'un cuvier.

Et la partie Septentrionale de Paris ou rive droite, contenait :

St-Germain le Rond. L'église Saint-GERMAIN le Rond.

Chilpéric en fût le fondateur, et Dulaure dit que pour mieux

---

1. **FORCE** synonyme de morale.

s'attirer la bienveillance et mériter l'intercession de Saint Germain, évêque de Paris, il lui fît construire cette basilique dans laquelle il se proposait de transférer son tombeau, mais le corps de Saint Germain n'y fût jamais transféré et la basilique eût le nom de Saint Germain sans en posséder le corps qui n'en fît pas moins des miracles. Saint GERMAIN exprime la constatation de ces miracles et du baptême par immersion, *main* signe, marque, *ger* eau et immersion; *main* démonstration feinte et affectée, *ger* savante, adroite, *saint* se reportant à Dieu.

L'Eglise Saint GERVAIS.

St-Gervais.

On ignore son origine, mais on est certain que cette église existait sous l'épiscopat de Saint Germain.

Saint Gervais signifie petit temple consacré, *vais* temple, *ger* petit, *saint* consacré. Fortunat la nomme basilique de Saint Gervais et de Saint Protais. *Saint Protais* indique un endroit vénéré, *tais* lieu, *pro* ancien, vénéré, *saint*, consacré.

L'oratoire de Saint PAUL.

Saint Paul.

Ce petit oratoire bâti par Saint Eloy[1], fût réuni en 1107 à l'abbaye de Saint-Maur des Fossés.

Saint Paul signifie édifice consacré et science divine. *Pawl* édifice, *saint*, consacré; *pawl* science, *saint* venant de Dieu.

L'Église Saint LAURENT.

St-Laurent.

On convient généralement que l'église Saint Laurent était située dans le faubourg Saint Denis et qu'elle occupait dans les premiers temps l'emplacement actuel de Saint Lazare, que le cimetière de cette église était placé de l'autre côté de la route et que dans la suite on éleva sur son emplacement une autre église de Saint Laurent qui a subsisté jusqu'à nos jours.

Saint Laurent exprime un grand temple, qui contient le feu sacré, *ent* qui contient, *lawr* le feu, *saint* sacré et aussi une maison de lépreux, *ent* maison, de là *enta* dans les anc. mon. habitation, *lawr* ladre, lépreux.

Divers accroissements d'institutions religieuses eurent lieu à Paris durant la seconde Race, mais toutes ces chapelles, églises ou abbayes étaient des constructions fort exiguës, et si l'on excepte les églises et abbayes les plus richement dotées et qui se trou-

---

1. ELOY, *oy* prononciation de *wy* science et lumière, *el* au suprême degré.

vaient solidement bâties, le plus grand nombre de ces édifices pieux n'était construit qu'en bois.

On découvrit en 1829 un grand fragment de muraille de la Cité qui paraît avoir été construite vers le Vᵉ siècle, et il résulte de témoignages authentiques que la Cité possédait sous la première race une enceinte, des murs, une porte et une *tour* syn. de château, forteresse, citadelle; sous la domination Romaine cet édifice dût servir à l'ordre Municipal et sous celle des Franks à la demeure des Rois et des Comtes.

Les deux ponts en bois, les seuls par lesquels on pénétrait dans l'Ile de la Cité, furent lors des invasions des Normands, fortifiés par des tours placées à leurs extrémités, et ces tours qu'Abbon dans son poëme[1] sur le siége de Paris désigne par le mot de *phalœ*, étaient en bois comme les ponts qu'elles protégeaient. *Phalœ* signifie défense à l'entrée de la rivière, *phal* élévation, clôture, défense; *œ* près, *phal* entrée de rivière.

Orberie.

Dans la Cité, outre le marché Palu, se trouvait la place de l'Orberie, qui était un reste de l'ancienne place du Commerce. *Orberie* désigne un nouvel enclos pour le public, *e* qui est, *beri* nouvel, *or* enclos; *e* pour, à cause de, *beri* la multitude, le public, *or* enceinte.

Au delà des têtes de ponts situés à l'entrée de la Cité, il n'existait aucune fortification; au nord et au sud s'étendaient deux faubourgs souvent ravagés par les armées, et au delà de ces faubourgs on voyait des groupes de chaumières dominés par les édifices de quelques églises ou monastères, tels étaient les faubourgs de Saint Marcel, de Sainte Geneviève, de Saint-Germain des Prés, de Saint-Germain l'Auxerrois, de Saint-Martin des Champs.

Paris souffrit beaucoup des grands changements qui, sous la seconde Race s'opérèrent dans le régime politique de la Gaule; la gloire de Charlemagne, l'incapacité de ses descendants et les ravages des Normands contribuèrent à la ruine de cette ville, mais si elle cessa d'être la résidence des Rois, la capitale d'un royaume pour n'être plus que la résidence d'un Comte et le chef-lieu d'un Comté et du Duché de France, ce fût là néanmoins que se forma la Nationalité Française.

1. **POEME,** *me* généreuse, abondante, expansive, *poë* chaleur, inspiration.

CHAPITRE TROISIÈME

PARIS MOYEN-AGE ET RENAISSANCE

DE HUGUES CAPET A LOUIS XIII

987 — 1610

Durant cet intervalle, Paris vit **27** Rois régner sur la France dont il demeura la capitale.

Hugues-Capet, roi parvenu et n'ayant pas pour lui le principe de la légitimité, rechercha un appui dans l'alliance du Clergé qu'il combla de faveurs, et c'est sur la base chrétienne que s'affermit la royauté des Capetiens ; c'est ainsi que Robert-le-Pieux, Henry Ier et Philippe Ier furent les rois des prêtres, soutenus et gouvernés par leur influence. Louis VI dit le Gros, comprenant que la royauté devait prendre une autre attitude fit en sorte, sans attaquer de front les droits féodaux, de délivrer le pouvoir royal et de le faire accepter comme médiateur et pondérateur entre tous les autres ; et le caractère religieux commença un peu à s'effacer sous son règne ; le roi ami de l'Église n'en fût plus le vassal ; sous son fils Louis VII le pouvoir royal suivit la même route ; pour ainsi dire encore à sa naissance le germe se développa sous Philippe-Auguste, il grandit et se fortifia chez ses successeurs et les rois Capetiens n'ayant point imité ceux des deux premières races dans le partage de leurs Etats entre leurs fils, la troisième dynastie pût durer beaucoup plus longtemps que les deux premières.

Le Chef de la branche des rois Capétiens après un règne de dix ans cessa de vivre le 24 octobre 996 ; Robert II déjà proclamé et sacré Roi du vivant de son père lui succéda. Il excella surtout dans l'art de chanter au lutrin ; une chronique lui attribue plu-

Hugues-Capet

Robert II.

sieurs miracles : un jour de la fête de Saint-Hyppolite[1] son Saint favori, il quitta brusquement le siége d'une forteresse pour venir à Saint-Denis, et lorsqu'il psalmodia ces mots : *agnus dei, dona nobis pacem*, aussitôt la forteresse assiégée s'écroula; pourtant il ne fût pas préservé des foudres de Rome et Grégoire V l'excommunia pour avoir épousé Berthe[2] , sa cousine issue de germaine, et son royaume fût mis en interdit; et après un règne fécond en erreurs, en désordres et en calamités de toute espèce, Robert mourût à Melun[3] le 20 juillet 1031.

Henry Ier.

Henry[4] Ier, son fils, lui succéda et l'on vit alors une guerre de famille durer avec acharnement près de six années, dont les environs de Paris furent le théâtre et qui fût pour les Parisiens une abondante source de maux auxquels s'ajoutèrent des famines des plus horribles qui vinrent encore accabler la population désolée et accroître les malheurs causés par les guerres. Il expira le 4 août 1060 laissant le trône à Philippe[5] Ier, son fils, âgé de sept ans.

Philippe Ier.

Sous son règne une nouvelle magistrature, qu'on nommait Prévoté[6], remplaça à Paris celle de Comte et de Vicomte de cette ville, elle était à la fois fiscale, judiciaire et militaire. Philippe Ier adoptant les habitudes des seigneurs de son temps, guettait les marchands sur les chemins pour les voler. Excommunié et absous quatre fois, après avoir fait trafic des bénéfices ecclésiastiques et avoir altéré les monnaies, il mourût à Melun le 29 juillet 1108, laissant pour lui succéder son fils Louis[7] VI dit le Gros qui fût sacré à Orléans[8].

Louis VI.

Ce roi pouvait à peine sortir de Paris avec sécurité tant il était harcelé par les Chevaliers et Barons de son voisinage, et ses succès contre les seigneurs féodaux qu'il combattit vivement accrurent les calamités publiques. Il fût le premier roi de France qui vendît

---

1. **HYPPOLITE**, *e* dans, *lit* le temple, les fêtes, les solemnités, *o* très, *hypp* brillant, distingué.
2. **BERTHE**, *e* qui est, *berth* belle, distinguée.
3. **MELUN**, *un* île et rivière, *mel* milieu et division, partage.
4. **HENRY**, *ry* tout à fait, *hen* illustre, remarquable; *ry* roi des rois, *hen* grand, illustre.
5. **PHILIPPE**, *ipp-e* habile, *phil* guerre et amitié.
6. **PREVOSTÉ**, *e* dans, *vost* les honneurs, les distinctions, *pré* le plus élevé. le plus haut degré.
7. **LOUIS**, *luys* illustre, saint, remarquable.
8. **ORLÉANS**, *ans* habitation, *lé* au bord, *or* rivière; *léans* jus, liqueur, boisson, *or* bon, remarquable.

aux habitants de quelques villes et bourgs, le droit de Commune ou la faculté de régir eux-mêmes leurs propres affaires , et le premier à qui on attribua la faculté miraculeuse de guérir les écrouelles par un simple attouchement ; il mourût le 1er août 1137.

Louis VII, son fils, hérita de la couronne de France. Un jour **Louis VII.** qu'il se rendait à Paris, il fût surpris par la nuit, et il soupa et coucha dans le village de Creteil aux dépens des habitants, mais ce village et ses habitants appartenaient au Chapitre de Notre-Dame; le lendemain, suivant son usage, Louis VII se rendit à l'église Notre-Dame pour assister aux offices; que firent les chanoines[1] ? ils lui fermèrent les portes ; le Roi eût beau gémir, soupirer, verser des larmes et s'excuser en disant que les habitants de Creteil s'étaient empressés de fournir à ses dépens, qu'il ne les avait point forcés etc, Les Chanoines intraitables ne lui ouvrirent les portes de l'église qu'après que l'Évêque, qui sollicitait en faveur du roi, leur eût remis deux chandeliers d'argent pour gage de la promesse du roi qui, après avoir restitué les frais de son souper à Creteil vint déposer solennellement sur l'autel de Notre-Dame, comme monument éternel du respect dû aux biens des prêtres, une baguette sur laquelle était inscrit le récit succinct du délit et de sa réparation.

Pendant son expédition dans la Palestine l'abbé Suger[2] tint les rênes du gouvernement, et malgré les promesses de Saint Bernard et ses prédictions, le succès de cette expédition fût déplorable. Le 18 septembre 1180 ce roi mourût à l'abbaye de Barbeau[3] qu'il avait fondée en 1147.

Philippe II surnommé Auguste succéda à son père Louis VII. **Philippe II.** Par ses conquêtes il recula les limites de ses États et leur donna une étendue que les précédents rois de la troisième race n'avaient pu obtenir. La Royauté commença sous ce règne à avoir un caractère monarchique. Avec plus de succès que ses prédécesseurs il fit la guerre contre la haute noblesse et porta ainsi les premiers coups au régime féodal et à la barbarie, ce qui fût que ses sucesseurs se trouvèrent assez forts pour repousser avec avantage les

1. CHANOINE, e dans, oin, win temple et forêt, chan cantique, chant mélodieux; e de, win science, lumière, chan brillante, remarquable.
2. SUGER, er grande, remarquable, sug élévation, distinction.
3. BARBEAU, au auprès, be division, partage, bar eau, rivière.

attaques des grands Vassaux et les contenir dans le respect et
dans la crainte. Philippe-Auguste, après avoir opéré plusieurs
changements utiles dans Paris et avoir agrandi cette ville en
l'entourant d'une vaste enceinte, mourût le 14 juillet 1223.

Louis VIII. Louis VIII, dit le Lion, succéda immédiatement à Philippe-
Auguste son père. Il serait parvenu à chasser les Anglais du
Continent, déjà il s'était emparé d'une partie de leurs provinces,
mais il fût détourné de cette utile entreprise pour se livrer à la
malheureuse guerre de religion qui se faisait alors contre les
Albigeois[1], et après quelques déplorables succès, revenant à Paris,
il tomba malade à Montpensier[2] en Auvergne et expira le 8
novembre 1226.

Louis IX. Louis IX son fils, lui succéda à l'âge de douze ans, sous la
régence de Blanche[3] de Castille[4], sa mère. Il fût le premier roi de
la troisième race qui montra dans sa conduite des mœurs régu-
lières et des principes de justice et de probité, et son courage
égalait sa probité, mais il eût des Moines pour instituteurs et ils
en firent un superstitieux et un fanatique; tous les vendredis et
tous les jours de fêtes, il se confessait et se faisait ensuite donner
le fouet par son confesseur qui souvent traitait sans ménagement
ses épaules royales. Sans se laisser cependant diriger par les
Prêtres en ce qui concernait les affaires de l'État, il poussa si loin
le zèle pour la vie monastique, que tout roi qu'il était il forma le
projet de se faire Jacobin. Ses deux expéditions de Croisades
fûrent toutes deux malheureuses et toutes deux funestes à son pays
et à lui-même. Son règne fût l'âge d'or des Communautés religieuses et Paris eût une bonne part à ce genre de libéralité. On lui
doit aussi quelques institutions utiles; il fonda divers hôpitaux
et augmenta les biens de plusieurs autres. Saint Louis mourût
devant Tunis le 25 août 1270.

Philippe III. Philippe III, son fils, lui succéda; rien ne semble justifier son

---

1. ALBIGEOIS, *ois*, *wis* tribu, famille, réunion d'hommes, *e* en, *al-big* petit nombre,
petit cercle.

2. MONTPENSIER, *er* demeure, habitation, *si* sur, auprès, *pen* tête, sommet,
mont rocher et élévation.

3. BLANCHE, *blanch-e* illustre, remarquable.

4. CASTILLE, *e* contrée, *till* pleine, remplie, *cas* châteaux.

5. TUNIS, *is* auprès, au dessous, *tun* digue, dune, levée de terre et rochers escarpés, falaise, colline, élévation.

surnom de le Hardi ; simple et crédule il vivait en moine,
comme son père, et mourût le 3 octobre 1285.

Philippe IV, dit le-Bel, son fils, prit sa place ; il n'eût ni la **Philippe IV.**
bigoterie, ni la droiture de son aïeul Saint Louis ; il eût plus de
génie, plus de lumières et autant d'ambition et d'activité que
Philippe-Auguste. Son règne se composa de mal et de bien,
d'actions criminelles et d'institutions utiles ; il porta des coups
violents à la féodalité, fit des ordonnances contre les guerres
privées des seigneurs et contre les duels judiciaires, et en
affaiblissant le pouvoir des Nobles, fortifia son gouvernement,
mais, à l'exemple de ses ayeux, il altéra les monnaies, ce qui lui
valût le surnom de faux-monnayeur ; cette altération des monnaies
causa divers désordres à Paris, et le peuple, en 1306, se porta chez
un bourgeois Étienne Barbette, brûla, détruisit sa maison de
plaisance appelée Courtille-Barbette, en arracha les arbres du
jardin, assaillit son hôtel dans la rue Saint-Martin et le dévasta.
Après avoir fait parjurer, torturer et brûler vifs presque tous les
Templiers de France, il s'empara de leur mobilier et de leur
trésor, et mourût le 29 novembre 1314 à Fontainebleau[1] d'une
chûte de cheval.

Louis X, dit le Hutin, son fils, lui succéda ; faible et facilement **Louis X.**
irritable, il voulait mais ne savait pas faire le bien ; à la tête d'un
mauvais gouvernement, il ne pensa pas à le rendre meilleur. Les
deux années de ce triste règne furent remplies par des crimes et
des supplices affreux, notamment ceux d'Enguerrand de Marigny[2],
son ministre, de Marguerite[3] de Bourgogne, son épouse, de
Blanche et Jeanne[4] de Bourgogne, ses belles sœurs et des deux
frères Philippe et Gauthier[5] d'Aulnay[6] dont les galanteries et les
débauches avaient pour théâtre l'Abbaye de Maubuisson ; il mourût
au château de Vincennes le 5 juin 1316, laissant la couronne à
son frère Philippe V dit le Long qui lui succéda le 19 novembre **Philippe V.**

---

1. **FONTAINEBLEAU**, *ble-au* demeure remarquable, *e* près, *tain* bois, forêt, *fon* épais ;
ble-au demeure remarquable, *e* auprès, *ain* claire, limpide, *font* fontaine.

2. **MARIGNY**, *ny* auprès, *ig* petit, *mar* bois, rivière et élévation. *Enguerrand*, *rand*
illustre, *er* parmi, *eng* la multitude.

3. **MARGUERITE**, *e* qui est, *rit* l'image, l'idole, l'idée, *e* dans, *marg* fêtes, solemnités.

4. **JEANNE**, *e* qui est, *jeann* vénérée, respectée.

5. **GAUTHIER**, *er* de, *thi* brillant, *gau* courage ; *er* demeure, *hi* dans, *gaut* bois, forêt ;
Gautier en langue romane, bûcheron.

6. **AULNAY**, *nay* auprès de l'eau, *aul* habitation, château, village.

1316 après la mort d'un fils de Louis X appelé Jean Ier qui ne vécût que six à sept jours.

Il avait conçu le projet d'établir l'unité des monnaies, des poids et mesures, mais ce projet rencontra dans le régime féodal un obstacle insurmontable, il mourût le 3 janvier 1322.

Charles IV. Son frère Charles IV, dit le Bel, troisième fils de Philippe-le-Bel, lui succéda; il faisait exercer la justice avec sévérité, essaya de réprimer le brigandage des nobles et sût pour quelque temps les contenir par la terreur des châtiments; il s'empara sans scrupule des biens des Lombards[1], prêteurs sur gages, puis enrichi de leurs dépouilles, il les chassa de France; en altérant les monnaies il imita son père et mérita comme lui le surnom de faux-monnayeur, il mourût à Vincennes le 1er février 1328.

Philippe VI. Philippe VI, fils de Charles, Comte de Valois[2], lequel était troisième fils de Philippe-le-Hardi, fût à la mort de Charles IV, déclaré Régent du royaume et deux mois après le 1er avril 1328 on le proclama Roi de France; c'est le premier roi de la branche collatérale des Valois. Trahi dans sa cour, trahi à la guerre, il fût partout malheureux. Il alluma par sa conduite impolitique, entre la France et l'Angleterre, une guerre qui causa plusieurs siècles de maux. Ses guerres continuelles et malheureuses amenèrent des maladies et bientôt une contagion qu'on appela la peste[3]. Les calamités plongèrent les sujets de ce roi dans un abime de maux et dépeuplèrent la France. C'est de son règne que datent les armes à feu. Sans être un très-méchant homme, il fût un très-mauvais roi et mourût le 22 août 1350.

Jean le Bon. Jean, dit le Bon, son fils, lui succéda le 19 septembre 1356 à Maupertuis[4] près de Poitiers[5], il eût le malheur d'être complètement battu, pris et conduit prisonnier en Angleterre, malheur dont la France supporta le poids. La paix conclue le 8 mai 1360 le ramena à Paris. Cette Paix enleva à la France le Poitou[6], la

---

1. **LOMBARD,** *bard* noble, illustre, *lom* tout-à-fait, au plus haut degré.
2. **VALOIS,** *ois, wis* contrée, *val* abondante, fertile.
3. **PESTE,** *te* brûlante, *pes* peau, enveloppe.
4. **MAUPERTUIS,** *twys* habitation, contrée, *per* milieu, *mau* montagne, rocher, arbre, bois.
5. **POITIERS,** *ers* enclos, enceinte, lieu fortifié, *i* dans, sur, *poit*, montagne, élévation, .
6. **POITOU,** *ou w* contrée, *poit* abondante, fertile.

Saintonge¹, l'Agenois², le Périgord³, le Limousin⁴, le Quercy⁵,
l'Angoumois⁶, le Rouergue⁷, plusieurs villes du Midi et tout ce
qu'Édouard⁸ avait pris autour de Calais⁹. La France s'épuisa et ne
pût fournir la rançon du roi Jean, qui était même réduit à payer
ce qu'il achetait pour sa maison, avec des pièces de monnaie en
cuir au milieu desquelles était enfoncé un petit clou d'argent.
Le roi Jean retourna à Londres¹⁰, et peu de temps après son retour
en Angleterre, il y tomba malade et le 8 avril 1364 il expira.

La couronne de France échut à son fils aîné, Duc de Normandie,   Charles V.
et le premier des fils de rois qui ait porté le titre de Dauphin¹¹. Il
fût sacré à Reims le 19 mai suivant. Charles V, élevé sur le trône
déploya un caractère de modération, de dignité et de prudence dont
ses prédécesseurs avaient donné peu d'exemples ; à son avéne-
ment la France était dans le plus déplorable état, le Roi de
Navarre¹², le Roi d'Angleterre et les troupes de Brigands appelés
Routiers, Grandes Compagnies, Écorcheurs, l'avaient ravagée dans
tous les sens. Avec l'aide de Bertrand¹³ du Guesclin¹⁴, premier
Guerrier digne d'être cité, et le seul depuis la troisième race qui
ait franchement combattu pour l'intérêt de son pays, il parvint à
pacifier son royaume, à y rétablir l'ordre. Il aima et les arts et les
lettres, les protégea, mais donna dans les erreurs de l'astrologie.
Il ne fit pas la Guerre comme Saint Louis, mais comme lui il fût
ami des moines et poussa comme lui cet attachement jusqu'à

1. SAINTONGE, e contrée, tong fossés pleins d'eau, sain blanche, brillante, et sel.
2. AGENOIS, ois, wis contrée, agen belle, remarquable, fertile, abondante; ois,
wis hommes, agen illustres.
3. PÉRIGORD, gord terre, terrein, peri qui produit; gord noirâtre, un peu noire,
peri pomme, rond, fruit.
4. LIMOUSIN, in dans, mus grasse, fertile, li terre et herbe; in avec, mus habitation, li petite, chétive.
5. QUERCY, cy contrée, ker belle, agréable; cy forêt, ker au bord; cy union, jonc-
tion, ker montagnes, élévations.
6. ANGOUMOIS, ois, wis contrée, wm très, ang étroite, resserrée, bornée.
7. ROUERGUE, gue terre, contrée, er dans, rou terrein montagneux, pâturages,
eau et marais.
8. ÉDOUARD, ard courage, ardeur, edw remarquable.
9. CALAIS, ais bon, cal port, refuge; ais eau, cal auprès.
10. LONDRES, dres contre, auprès, lon eau, rivière.
11. DAUPHIN, fin, phin à un très haut degré, dau élévation, honneur, grandeur.
12. NAVARRE, re dans, ar contrée, nav au pied de montagnes, de là navarra en
basque habitant de la plaine.
13. BERTRAND, rand grand, remarquable, bert noblesse, distinction.
14. DU GUESCLIN, clin illustre, gues, gwes homme, du au plus haut degré.

l'excès; Saint Louis voulut se faire Jacobin, Charles V eût envie d'être Prêtre et se fit agréger à l'Ordre de Cluny[1]. Ce roi Sage avait des Fous près de lui, espèce de niais ou de bouffons pensionnés qui avaient leur franc-parler et des saillies de vérité quelquefois très-piquantes. Le Peuple ne fût pas heureux, il ne pouvait l'être sous le régime féodal, mais il sentit moins de calamités que sous les règnes précédents. Charles V mourût le 16 septembre 1380, au château de Beauté-sur-Marne qu'il avait fait bâtir.

Charles VI.   Son fils aîné, Charles VI qui n'avait que douze ans, lui succéda aussitôt. Sa jeunesse, l'ambition de ses trois oncles qui se partagèrent puis se disputèrent l'autorité, l'état de démence où tomba ce roi et qui se maintint pendant une grande partie de son règne, l'humeur factieuse et galante de la reine Isabeau[2] de Bavière, la perfidie d'un grand nombre de seigneurs et les guerres que les Anglais ne cessèrent de faire à la France furent autant de sources de malheurs pour les Français, et l'on vit renaître et se multiplier tous les désordres, toutes les abominations des XIe et XIIe siècles. Le parti des Armagnacs[3] au nom du Dauphin encore jeune, et le parti des Bourguignons au nom d'un Roi en démence et d'une Reine deshonorée par ses perfidies et ses débauches, torturaient la patrie et réduisaient ses habitants au désespoir. Le Duc de Bourgogne appela les Anglais au secours de son parti et abusant de l'aliénation mentale de Charles VI, il le fit consentir par le traité de Troyes[4], du 21 mai 1420, à donner Catherine[5], sa fille, en mariage à Henry V, roi d'Angleterre, et à reconnaître au préjudice de son propre fils ce roi étranger pour Régent du Royaume et pour son héritier à la Couronne. Charles VI mourût le 22 octobre 1421.

Henry V d'Angleterre.   Du mariage du roi d'Angleterre[6] avec Catherine était un fils qui n'avait encore que dix mois; Henry V fit solennellement proclamer

---

1. **CLUNY,** *y* dans, *clun* vallée; *y* habitation, demeure, *clun* illustre, remarquable.

2. **ISABEAU,** *au* toujours, *be* femme, *a* avec, *is* foi, fidélité.

3. **ARMAGNAC,** *nac*, montagnes, *mag* pâturages, *ar* entre, auprès; *magnac* montagneuse, *ar* contrée; *nac* auprès, *ag* contrée, *arm* misérable.

4. **TROYES,** *es* eau, rivière, *trwy* partage, division, à travers, sinuosité, circuit, tournoiement.

5. **CATHERINE,** *rine*, prescience, divination, augure, prédiction, *e* dans, *cath* combat, bataille.

6. **ANGLETERRE,** cette île portait autrefois le nom d'*alwion*; *alwion* a cette signification: la sainte, *al* article, *wion* sainte, consacrée, etc, et exprime en même temps le voisinage de la mer: *al* auprès, *wion* les flots de la mer.

cet enfant Roi de France. Le duc de Bedford[1] fût nommé Régent du royaume de France, et le duc de Clarence[2] Gouverneur de Paris ; dès lors on pût lire en tête des actes publics ces mots : Henry, par la Grâce de Dieu, Roi de France et d'Angleterre. Les Anglais pendant près de quinze années depuis octobre 1421 jusqu'à avril 1436, gouvernèrent Paris et une grande partie des Provinces de France.

Grâce au patriotisme d'une jeune Paysanne, au prestige qui s'attacha à ses actions extraordinaires, Charles VII, qu'on nommait par dérision le Roi de Bourges[3], parvint à ramener la fortune sous ses bannières. Il dirigea contre Paris que possédaient les Anglais une armée où commandait Jeanne d'Arc[4] dite la Pucelle. Le 8 septembre 1429, cette armée commença par assaillir la muraille entre les portes Saint Honoré et Saint Denis, accueillie par les traits nombreux et par les canons placés sur les remparts, elle se retire ; la Pucelle y fût blessée à la jambe; mais le 13 avril 1436, le Comte de Richemond[5], Connétable de France, et le Comte de Dunois[6], secrètement favorisés par plusieurs habitants de Paris, entrèrent dans cette ville, et les Anglais, pris au dépourvu, périrent sous le fer vengeur. Charles VII fit le 12 novembre 1437 son entrée solennelle à Paris, où il fût reçu au milieu des fêtes. En 1446, Charles VII s'était retiré à Mehun[7]-sur-Yèvres[8], et il y mourût le 22 juillet 1461.

Louis XI, son fils, lui succéda. Despote absolu, il voulut exercer son despotisme sans la participation des Princes et des Seigneurs, aussi il attaqua les personnes nobles et les persécuta avec fureur ; il avait la tête forte, l'esprit faible et le cœur corrompu ; il était faux, cruel, sans foi, sans probité, et superstitieux jusqu'au ridi-

Charles VII

Louis XI.

1. **BEDFORD,** *ford* fortification, *bed* haute, élevée.

2. **CLARENCE,** *e* de, *enc* rang, *clar* noble, illustre; *ce* enceinte, château, *en* auprès, *clar* rivière et colline.

3. **BOURGES,** *es* eau, rivière, *bwrg* réunion; *es* auprès, *bwrg* élévation; *es* qui est, *bwrg* défendu par l'art et par la nature.

4. **ARC,** lieu clos, lieu fermé; haut, élevé, distingué.

5. **RICHEMOND,** *mond* embouchure, *e* de, *rych* rivière; *mond* élévation, *e* qui est, *rich* grande, considérable.

6. **DUNOIS,** *wis* contrée, *dun* colline et vallée; *wis* contrée, *dun* fortifiée; *wis* homme, *dun* supérieur.

7. **MEHUN,** *wn* noble, remarquable, *meh* habitation; *wn* auprès, *meh* rivière; *mehun, mehyn* petite rivière.

8. **YEVRES,** *res* plusieurs, *yev* ruisseaux et sources.

cule ; détesté par la Noblesse, il était redouté par toutes les Classes
de la société ; tout le monde le craignait, et il craignait tout le
monde ; c'est cette crainte qui le détermina vers la fin de son
règne à s'emprisonner lui-même dans le château du Plessis[1]-les-
Tours qu'il fortifia de murailles, de fossés, de grilles de fer, et
qu'il entoura de gibets garnis de cadavres, afin de servir d'épou-
vantails à ses ennemis. La maladie vint l'y atteindre, et la mort
le frappa le 30 août 1483. Il fût le premier roi qui mit en usage
dans les prisons les cages de fer et le premier qui institua la prière
l'*angelus* ou le salut.

Charles VIII   Charles VIII, son fils, lui succéda ; il était doux, affable, courageux et bienfaisant, et montra de la faiblesse dans son adminis-
tration ; il ne faisait pas le mal, mais le laissait faire. Sous son
règne se manifesta dans Paris la maladie appelée d'abord grosse
vérole ensuite mal de Naples et mal français : elle ne respecta
aucun rang, et le Parlement de concert avec l'Évêque ordonna le
6 mars 1497 qu'on ferait sortir de Paris — ceux qui ont gagné
ladite maladie hors de cette ville — et qu'on ferait enfermer,
nourrir et traiter ceux qui l'ont gagnée à Paris. Il mourût le
7 avril 1498.

Louis XII.   Louis XII qualifié d'abord de Duc d'Orléans, succéda à Charles
VIII. Il avait des qualités éminentes, un caractère de magnanimité
sans orgueil, de bonté sans faiblesse et d'équité sans rigueur, un
jugement sain et de l'amour pour la prospérité publique, ce qui lui
mérita le titre de Père du Peuple. Une maladie violente dont
Louis XII fût attaqué à Paris l'enleva le 1er janvier 1515.

François Ier.   François[2] Ier fût alors proclamé Roi. Il voulût être tout à la fois
religieux, galant et magnifique, et ne fût que persécuteur, débauché
et dissipateur du bien de ses sujets; il voulût être guerrier, et
presque toujours battu, il finit par être prisonnier ; il voulût protéger les lettres et tyrannisa la plupart de ceux qui les cultivaient.
Suivant le torrent des lumières croissantes, il attira plusieurs
savants, plusieurs artistes à Paris, établit la bibliothèque de Fontainebleau, la plus riche en manuscrits et fonda le Collège de
France, mais il fit périr dans le feu des bûchers plusieurs savants

1. **PLESSIS**, *is* contrée, habitation, *pless* entourée, fortifiée; *is* habitation, *pless* •
action de soumettre, d'assujétir.
2. **FRANÇOIS**, *wis* homme, *franc* illustre, vaillant, généreux, remarquable.

ou littérateurs dont les opinions religieuses contrariaient celles que la Cour de Rome voulait maintenir, abolit l'imprimerie et la rétablit pour l'enchaîner dans des liens d'une censure rigoureuse ; il éteignait d'une main les lumières qu'il allumait de l'autre. Il n'était pas fanatique et servait le fanastisme de ceux qui l'entouraient, et on le voit tour à tour favoriser et persécuter les Luthériens dont les principes ne lui étaient pas étrangers.

En présence de sa mère et de sa sœur Marguerite, il paraissait de la nouvelle religion et devant les Cardinaux Duprat et de Lorraine[1], il agissait en Catholique. Il faisait torturer, brûler vifs les Luthériens à Paris, tandis qu'il les protégeait et les appuyait de tout son crédit en Allemagne et à Genève[2]. Son intérêt était la règle de ses démonstrations religieuses. Détenu prisonnier pendant près d'un an à la suite de la bataille de Pavie[3] le 15 février 1525, il fut rendu à la liberté le 21 février 1526 et mourût à Rambouillet le 31 mars 1547.

Henry II, son fils, lui succéda. Inspiré par le Cardinal de Lorraine, il déclara la guerre aux opinions, aux consciences et continua de faire brûler vifs les Protestants, à entraver la marche progressive des lumières en faisant saisir les livres, les libraires et les imprimeurs. En décembre 1549, il prohiba l'impression et la publicité de toute espèce d'ouvrage, à moins qu'il ne fût approuvé par la Faculté de Théologie de Paris ; victime de son goût pour les exercices chevaleresques qu'il avait favorisés, il mourût le 10 juillet 1559 à la suite d'un coup que lui porta Montgomery[4] dans un tournoi, donné le 29 juin 1559 dans la rue Saint-Antoine.

Henri II.

Il fût remplacé par son fils François II, qui monta sur le trône à l'âge de seize ans, et, sous son règne, firent explosion tous les maux que Henry II n'avait su ni prévoir ni détourner, et toutes les haines, les ambitions et autres passions que par incapacité ou indifférence il avait laissé fermenter. La con-

François II.

1. **LORRAINE**, *e* dans, *rain* bonne, fertile, remarquable, *lor* terre, contrée.
2. **GENÈVE**, *e* prés, *ev* rivière, eau, *ge* bouche, porte, sortie ; *e* prés, *ev* eau ; *gen* pointe.
3. **PAVIE**, *e* prés, *vi* rivière, *pa* pays, habitation ; *vie* rivière, *pa* abondante.
4. **MONTGOMERY**, *y* dans, *er* belle, *gomm*, vallée, *mont*, habitation, *cry* habitation. *gwmm* auprès, *mont*, source et élévation.

juration d'Amboise[1] éclata en 1560 et fût le signal d'une levée de boucliers.

François II mourût à Orléans le 5 décembre 1560.

Charles IX.   Charles IX, frère de François II, lui succéda à l'âge de dix ans. Les commencements de son règne semblèrent présager une amélioration dans les destinées de la France, mais il eût à combattre la puissante faction des Guise[2] et finit par succomber. Catherine de Médicis[3], régente, après quelques années d'hésitation entre l'un et l'autre parti, se laissa enfin gouverner par le Cardinal de Lorraine et le génie du mal triompha. Il fût résolu dans l'entrevue de Bayonne[4] avec le Duc d'Albe[5], en 1565 que tous les protestants tant en France que dans les Pays-Bas seraient égorgés, et sept ans après, en 1572, à Paris et dans la plupart des villes de France, cet infernal projet eût son exécution connue sous le nom de Massacres de la Saint Barthélemy. Ce roi était libéral des biens de l'église ; il donnait des bénéfices à des valets, à des enfants, à des femmes ; il aimait la musique et les vers, il en fit quelques-uns ; Néron se piquait aussi d'être Poëte et Musicien. Le règne et la vie de Charles IX finirent le 30 mai 1574.

Henry III.   Henry III succéda à son frère Charles IX ; élevé à la même école, placé dans des circonstances pareilles, dirigé également par les Cours de Rome et d'Espagne, et par la Maison des Guise, ce roi dût tenir la même conduite, avoir les mêmes principes, et comme lui il associa la cruauté et le libertinage à la dévotion. Rome, les Guise et l'Espagne établirent la Ligue contre le parti Protestant ; Henry III se déclara le chef de cette ligue, obligea tous les fonctionnaires de son royaume à s'y engager par serment. Henry III n'en fût pas moins trahi, chassé de Paris par les Guise, qui le

---

1. **AMBOISE**, *e* auprès, *ois* , *wis* rivière, *amb* contours, sinuosités ; *e* dans, *wis*, *ois* contrée, *amb* fertile, abondante.

2. **GUISE** *e* près, *gwys* lieu fortifié, élévation et rivière; *e* qui est, *gwys* noble, vaillant, illustre.

3. **MEDICIS**, *is* qui est, *med-ic* dans les honneurs, dans la gloire, etc, de là *meddix* prince dans le langage des osques; *is* qui est, *med-ic* la vraie guérison, de là *medicus* latin, médecin, et *meddig* en gallois chirurgien, le *d* se supprimant on a fait *meyg* d'où notre vieux mot français *mège* médecin, et à Bourges on appelle encore *mège* celui qui remet les membres disloqués.

4. **BAYONNE**, *e* auprès, *onn* eau, rivière, *bay* baie, port, bras de mer, détroit, golfe; *e* auprès, *onn* montagne, *bay* entrée.

5. **ALBE**, *e* près, *alb* montagne, élévation; *be* courbure de rivière, *al* auprès; *e* qui est, *alb* grand, élevé, distingué.

forcèrent à se jeter dans les bras des Protestants qu'il avait tant persécutés et ils le firent assassiner à Saint-Cloud par le moine Jacques Clément le 1er avril 1589.

Dès lors, le Roi de Navarre, le plus prochain héritier du trône, prend le titre de Roi de France et le nom de Henry IV.

La Ligue et Henry IV.

Henry IV vint le 31 octobre suivant mettre le siége devant Paris qui était au pouvoir des ligueurs. Il logea avec son armée à Gentilly, Montrouge, Vaugirard et autres villages, et se retira deux jours après pour aller assiéger Étampes. Le cardinal de Bourbon[1], que la Ligue avait proclamé Roi de France sous le nom de Charles X, mourût le 8 mai 1590.

Sur ces entrefaites l'armée de Henry IV arriva de nouveau sous Paris et s'empara simultanément de tous les faubourgs en brûlant les moulins des environs; s'il eût été mieux secondé, le roi eût pu prendre la ville qui avait à peine des provisions pour quinze jours; il se borna à la bloquer et à s'emparer de Mantes où il attendit les secours qui lui venaient d'Angleterre. La famine augmentait à Paris au point que les habitants mangeaient des chiens, des chats, des feuilles de vignes et autres herbes, et que chaque matin, dit un ligueur, on trouvait dans les rues de Paris cent cinquante et jusqu'à deux cents cadavres de personnes mortes de faim; le 23 juillet plusieurs pauvres ne pouvant plus supporter un état aussi rigoureux se glissèrent à la faveur de la nuit dans les fossés, allèrent se jeter aux pieds du Roi, lui demandèrent du pain et la permission de laisser sortir de Paris les habitants qui souffraient le plus de la disette; Henri IV attendri, leur accorda leur demande, et permit à trois mille pauvres de sortir de la ville ; des réunions de Bourgeois se firent au Palais de Justice demandant hautement du pain ou la paix. Le mal allait toujours croissant, on déterrait dans les cimetières les os des morts, et ces os réduits en poussière formaient un aliment qu'on nomma le pain de Made de Montpensier.

Siége de Paris.

Une dame riche ne pouvant avec son argent se procurer du pain, vit mourir deux de ses enfants ; tourmentée elle-même par le besoin, au lieu de faire enterrer leurs corps, elle les coupa par morceaux, les sala et s'en nourrit avec sa servante pendant plu-

---

1. **BOURBON**, *bon* origine, naissance, *bwr* illustre, célèbre; *bon* source, *bwr* chaude, célèbre, renommée; *bon* grand, élevé, *bwr* château, forteresse.

sieurs jours. Henry IV leva le siége de Paris le 12 septembre 1590,
mais il fit enfin son entrée dans cette ville le 22 mars 1594. Avant
d'arriver au trône de France, ce Prince avait éprouvé les rigueurs
et les caprices de la fortune, placé à la tête du Parti Protestant il
combattit toujours avec courage et souvent avec succès ; après
avoir négocié inutilement auprès des Chefs de la Ligue il prit la
résolution d'embrasser la Religion Catholique. Une conférence se
tint au mois d'avril 1593, à Suresnes, entre des catholiques
ligueurs et des catholiques royalistes ; pendant cette conférence
le roi se retira à Mantes qui figurait alors comme la Capitale de sa
domination et il fut définitivement arrêté que Saint-Denis serait le
lieu où il manifesterait sa conversion par des actes de religion
catholique en y entendant la Messe.

Henry IV se montra généreux, magnanime envers ses plus
acharnés détracteurs, et ne conserva contr'eux ni haine, ni désir
de vengeance. Sa conduite généreuse l'éleva au-dessus des mœurs
de son siècle, et secondé par Sully[1], il mit dans les administrations
un ordre nouveau, imparfait sans doute, mais beaucoup meilleur
que celui qui existait auparavant. Il était doué d'un esprit vif,
pénétrant et d'une gaîté qui ne l'abandonnait pas, même dans des
circonstances sérieuses, et si l'on compare sa conduite avec celle
des Seigneurs de son temps, on jugera qu'il leur était bien supérieur et qu'il mérite le titre de Bon ; au surplus, son esprit et son
caractère franc embellissaient jusqu'à ses défauts. Il craignait
les Jésuites, il voulut en faire des amis, vaines condescendances,
sa mort était résolue, et après avoir échappé dix-sept fois au
poignard de ses ennemis, il succomba à la dix-huitième sous les
coups de Ravaillac, le 14 mai 1610.

Pendant cette période de six siècles environ, de notables changements furent opérés dans Paris, qui donnèrent à cette ville des
marques de grandeur dont elle était auparavant dépourvue.

Enceinte de Philippe-Auguste. Philippe-Auguste en 1188, avant de partir pour la Terre-Sainte,
ordonna aux Bourgeois de Paris de faire travailler à une enceinte
de leur ville composée d'une muraille solide garnie de tourelles et
de portes. La partie Septentrionale fut la première entourée de

---

1. **SULLY,** *ly* rivière, *sul* courbures, sinuosités; *ly* en quantité, *sul* lumière, science,
connaissance.

murs ; elle fut commencée en 1190 et la partie Méridionale en 1208.
Dans l'enceinte entière dite de Philippe-Auguste on comptait treize
portes ou poternes.

La partie de la Rive Droite comprenait notamment :

La porte dite Saint-Honoré qui se trouvait presque à côté du
portail du Temple de l'Oratoire.

La porte de Bahaigne,

La porte de Braque,

La poterne Barbette ou Barbeite,

La porte Baudet ou Baudoyer.

Un peu plus loin était une tournelle ou fortification où dans la
suite on pratiqua une autre porte nommée porte Barbelle ou
Barbeel-sur-l'Yeau.

BAUDOYER exprime une voûte sombre et une porte de défense :
dwyer noire, sombre, *bau* voûte ; *er* de, *dwy* défense, protection,
bau porte.

Et BAUDET : une ouverture en forme de voûte ; *det* ouverture,
bau voûtée ; *et* petite, *baud* voûte.

BRAQUE indique une poterne ; *brack-e* poterne, brèche, ouverture
et fortification, de là dans les anc. mon. *bracca* môle, digue,
rempart. Dans les environs de cette poterne on voyait la fontaine
de Braque, le jeu de paume de Braque, c'est à elle que le Bourgeois
de Paris Arnoul de Braque dût son nom et c'est ainsi· qu'un
aumônier du roi Jean se trouve cité sous le nom de Michel de Brac
ou de Breiche.

BAHAIGNE, Bohaigne et Behaigne ; *ne* auprès, *aig* habitation,
bah, *beh*, *boh* ouverture, de là en basque *bahea* ouverture, *beha*
oreille, et en breton *boh* bouche.

SAINT-HONORÉ marque que la porte était auprès d'un temple
consacré ; *oré* au bord, de là le vieux français *ore*, *orée* bord, *hon*
demeure, temple, *saint* consacré.

BARBELLE, Barbeel exprime une porte près d'une fortification ;
barbelle, *e* près, *bell* fortification, rempart, *bar* ouverture ; *barbeel*,
beel rempart, forteresse, *bar* lance, flèche, etc.

BARBETTE, Barbeite qui signifie le dessus d'une élévation, de là
notre mot Barbette, en terme de fortification, espèce de plate-
forme, indique aussi le voisinage d'un enclos de vignes, *bett-e*,
beit-e enclos, *bet* en indien, *beth* en phénicien, *beit* en turc et en

Porte
Baudoyer ou
Baudet.

Porte
de Braque.

Porte
de Bahaigne.

Porte
Saint-Honoré

Porte
Barbelle.

Porte
Barbette.

arabe, maison, habitation, *bar* grappes de raisin, branches, rameaux, *bar* feuillage en runique et en islandais.

Courtille Barbette. Près de là le Prevôt de Paris nommé Barbette avait sa maison de plaisance qu'on appelait la Courtille-Barbette: *courtille* indique comme *barbette* un enclos de vignes, *yll-e* de plants et ceps de vignes, *cwrt* enclos, enceinte. Ce Prevost devait alors son nom de Barbette au lieu même de son habitation, c'est ainsi que parmi les Prevots ou Echevins de Paris, nous voyons les noms de Michel de la Grange, Henry de la Cloche, Jean de la Poterne, etc.

Et la partie de la Rive Gauche renfermait notamment:

Porte Bordet. La porte Bordet, Bordel ou Bordelle, nommée aussi porte Saint-Marcel, parce qu'on y passait pour aller au bourg de ce nom.

BORDET, Bordel ou Bordelle, ont la signification de petit bourg; *det, del, delle* petit, *bor* bourg et habitation, de là *bordel* en breton, signifiant à la lettre petite maison, parce que les filles de mauvaise vie se logeaient dans de petites maisons.

Porte de Buci La porte de Buci.

BUCI indique en même temps une voûte et une habitation considérable, *ci* lieu, *bu* noir, voûte; *ci* principale, *bw* habitation.

Et une autre porte de ville qui a reçu les différents noms de **Porte Gibert ou Denfer.** porte-Gibert, Gibard ou Gibart, et porte de Fert, Ostium-Ferti ou Denfer; dans les Gestes des Évêques d'Auxerre on lit Porte Denfer anciennement nommée de Ferte.

GIBERT, Gibart et Gibard marquent tout à la fois une petite fortification, un enclos de vignes et l'action de presser du raisin, aussi *gibart* était-il le nom que portait un pressoir situé dans cet endroit et dont l'abbé de Saint-Germain recevait la quatrième portion du vin qui en sortait.

Bert, bard, bart défense, *gi* petite; *bert, bard, bart* enclos, *gi* plants et ceps de vignes. *Bert* action de mélanger, de brouiller, de serrer, de presser, *gi* grappes, vin, jus, liqueur. *Bart, bard* cuve, cuvier, vaisseau qui contient, de là dans les anc. gloss., *bardatus* vase, et dans les anc. mon., *bardia* petit vaisseau, *gi* jus, liqueur.

ENFER ou Denfer exprime l'enceinte d'un marché et l'existence d'un pressoir près d'une élévation, *fer* marché, de là dans les anc. mon. *fera* foire, *den* enclos; *fer* couler, distiller, presser, *den* liqueur, jus; *fer* montagne, élévation, *en, den* proximité.

Fert signifie marché, de là *fertum* dans les anc. mon. foire, et défense, fortification, de là le vieux français *ferté*.

Et Ostium ferti qui indique une baie ou ouverture dans une enceinte fortifiée, *ti-um* très-grande, *os* ouverture, de là *ostium* dans Cicéron, Porte, et dans Virgile, Embouchure d'un fleuve, *ferti* dans un rempart, signifie aussi liqueur agréable dans une grande cuve; *ferti*, *i* jus, liqueur, *fert* pur, agréable; *ostium*, *um* dans, *ti* grand, *os* vase, cuve.

Sous le roi Jean, après la bataille de Poitiers, le plan de l'enceinte de la rive gauche n'éprouva point de changement, mais Étienne Marcel, Prévost des Marchands de Paris accrût l'enceinte de la partie septentrionale, et, au moyen de cet accroissement une grande partie du village appelé Villeneuve, dont la position se trouve maintenant indiquée par la rue Bourbon Villeneuve, les bourgs Saint Paul et du Temple et le château du Louvre auparavant situé hors de la ville, se trouvèrent compris dans l'intérieur et protégés par des remparts respectables; Froissart parle avec admiration des travaux de cette enceinte et du service important qu'Étienne Marcel, en les faisant exécuter, rendit à la ville de Paris; cette enceinte, ses murailles, ses portes, ses fossés furent achevés dans l'espace de quatre années, tandis que sous Philippe-Auguste l'enceinte sans fossés et beaucoup moins étendue, coûta trente années de travaux. Hugues-Aubriot, Prevost de Paris sous Charles V, répara, embellit et fortifia cette enceinte et fit agrandir les Bastilles ou forteresses situées aux principales portes de Paris, ce qui donna à cette ville un caractère imposant.

En 1566 on commença à étendre l'enceinte de Paris du côté de l'ouest et l'on y comprit le jardin des Tuileries; Charles IX en posa la première pierre et l'ancienne enceinte qui se trouvait entre les châteaux du Louvre et des Tuileries continua de subsister.

Et sous Henry IV l'enceinte de cette ville différait peu de celle que nous venons de voir, mais on y avait ajouté diverses fortifications, et outre l'enceinte de murailles, il existait au delà une première fortification qu'on appelait les Barrières et qui enserrait plusieurs Faubourgs. On entrait dans Paris d'abord par quinze, puis par seize Portes, fortifiées de tours et munies de ponts de pierres et de ponts-levis établis sur le fossé, et on communiquait d'une rive de la Seine à l'Ile de la Cité et à l'autre rive par six

Village
Villeneuve.

ponts, le pont Notre-Dame, le petit Pont, le pont au Change,
le pont Saint-Michel, le pont Marchand qui remplaça l'ancien
pont aux Meûniers et enfin le pont Neuf; tous ces ponts excepté
le pont Neuf étaient bordés de maisons, de manière qu'on pouvait
traverser la rivière sans apercevoir son cours.

Parmi les tours et forteresses qui, avec les murs d'enceinte,
formaient la défense de Paris, se trouvaient celles dites:

Bastille St-Antoine. La BASTILLE Saint-Antoine ; *ill-e* château, enceinte, *bast* fortifié,
de là notre mot *bastir* c'est-à-dire construire un lieu fermé, notre
mot *bastion* etc., et *bastia, bastida, bastista* dans les anc. mon.
château, tour, fortification, tour de bois, enceinte, palissade.

Tour de Billy La tour de BILLY, *y* lieu, *bill* défendu, entouré, de là le vieux
français *billé* garotté.

Le Châtelet. Le CHATELET, *et* avec, *el* petit, *chat* château, forteresse.

La Tournelle La TOURNELLE, *elle* petite, *twr'n* forteresse, fortification.

Tour de Nesle La tour de NESLE, *le* lieu, *nes* dominant.

Tour Loriaux La tour LORIAUX, dans l'île Saint-Louis ou Notre-Dame ; *aux*
enceinte, *i* en, *lor* éminence, élévation.

Le Louvre. Et le LOUVRE, nommé aussi LUPARA, à la fois palais, forteresse
et prison; *louvre* signifie enceinte fortifiée, *vre* fermée, fortifiée,
lu enceinte, et *lupara* demeure remarquable et enclose, *para*
belle et continue, *lu* enceinte; au nombre des tours qui accompagnaient le Louvre était celle dite de Windal au bord de la Seine;
windal exprime un haut édifice avançant sur l'eau, *al* édifice,
wind qui avance dans l'eau, de là dans Baxter, *wind, wend, wand,
wond,* tête d'une rivière.

L'Enceinte de Philippe-Auguste comprenait grand nombre d'es-
paces vides, de terres labourables et de vignes qui plus tard se
remplirent d'édifices nouveaux, d'hôtels, de colléges et de monastères. Plusieurs établissements refluèrent même encore à l'extérieur,
et les guerres privées, les révoltes et les brigandages des Seigneurs
exposant les produits de la culture des terres et des vignes à des
ravages continuels, on avait senti la nécessité d'enclore de murs
ce qui était cultivé, de là les Clos en si grand nombre qui se
trouvaient alors aux environs de Paris et qui furent compris dans
les diverses enceintes dont il s'agit.

Dans la partie Méridionale ou Rive Gauche on comptait notamment :

Le Clos des Vignes ou Courtille (depuis la rue des Saints-Pères jusqu'aux rues Saint-Benoît et de l'Égout).

Le Clos Vignerai (une partie du jardin du Luxembourg et de l'enclos des Chartreux).

Le Clos Saint-Étienne-des-Grés.

Les Clos de Mauvoisin et de Garlande (ils avoisinaient la place Maubert et ont appartenu longtemps au même propriétaire).

Le Clos du Chardonnet. A l'est était la terre d'Alez, vaste territoire qui s'étendait depuis le clos du Chardonnet jusqu'au point où la Bievre se jetait dans la Seine.

Le Clos Bruneau, planté de Vignes; deux clos portaient ce nom.

Le Clos Tyron (entre les rues des Fossés Saint-Victor et des Boulangers).

Le Clos Saint-Victor (compris entre les rues du Faubourg Saint-Victor, Neuve-Saint-Étienne, des Boulangers et l'emplacement du Clos des Arènes.

Le Clos des Mureaux, plus anciennement nommé de Cuvron.

Le Clos Drapelet.

Le Clos Entechelière.

Le Bourg de Saint-Médard, appelé aussi Richebourg et village Saint-Mard, contenait les Clos du Breuil, du Mont Cetard, des Mors-Fossés, des Treilles, de Copeau, de Gratard, des Saussayes et de la Cendrée.

Et dans la partie Septentrionale ou Rive Droite on remarquait :

Le Clos Margot (sur lequel on ouvrit en 1481 la rue Saint-Claude au Marais.

Les Champeaux qui occupaient un assez vaste territoire.

Les Grands Marais, entre Paris et Montmartre. Ils s'étendaient suivant une charte de l'an 1176, depuis le pont Petrin ou Perrin, (rue Saint-Antoine) jusqu'au dessous du village de Chaillot.

Le Clos de Malevart, depuis connu sous le nom de la Courtille.

Le Clos Georgeau, au bas de la Butte Saint-Roch.

Et le Clos du Hallier.

Ces différents noms ont les significations suivantes :

Courtille : champ clos qui renferme des vignes, *ill-e* de plants et ceps de vignes, *cwrt* champ, enceinte; *till-e* habitation, *cwr* fermée, de là *cortille*, *cortillus*, *courtillum*, *cortilagium*, *cortilis* dans les anc. mon. métairie, grange, habitation propre à un gran-

Courtille.

ger, manoir, habitation avec les terres, possessions et émoluments qui en dépendent, et *courtil* en vieux français jardin fermé.

Clos Vignerai

VIGNERAI : lieu qui contient des plants de vignes, *ai* lieu, *ner* enclos, renfermant, *wig* plants et ceps de vignes.

Clos Saint Estienne.

ESTIENNE : vin en abondance : *enne* jus, liqueur, boisson, *est-i* en abondance ; près de ce clos était le pressoir du Roi.

Clos Mauvoisin.

MAUVOISIN : plants et ceps de vignes en quantité ; *in* en, *wis* ceps et plants de vignes, *maw* et *mon* abondance, en gallois bon, abondant.

Clos Garlande.

GARLANDE : vignes encloses ; *land-e* dans une enceinte; de là en basque *landa* jardin, *gar* arbrisseaux, vignes, rameaux, feuillages, de là en latin barbare, *garlanda* guirlande.

Clos Bruneau

BRUNEAU : vignes près d'une élévation ; *aw* plants et ceps de vignes, *e* près, *brun* élévation, en gallois *brun* colline.

Clos Tyron.

TYRON : grande habitation, bon terrain, excellent vin ; *on* grande, *tyr* habitation ; *on* bon, *tyr* terrain ; *on* excellent, *tyr* jus, liqueur.

Clos Saint Victor.

VICTOR : plants de vignes en abondance ; *tor* abondant, *wic* plants et ceps de vignes, et *Saint-Victor* grand temple consacré, *tor* grand, *wic* demeure, *saint* consacré.

Clos du Chardonnet.

CHARDONNET : enclos près d'une élévation et d'une rivière, avec agrément de verdure ; *et* auprès, *donn* élévation et lit de rivière, *char* enceinte, enclos; *et* avec, *donn* agréables, *char* feuillages, rameaux, branches, grappes et bois en général.

Richebourg.

RICHEBOURG : village auprès d'une colline et d'un coulant d'eau ; *bwrg* village, *e* près, *rych* colline et courant d'eau.

Medard.

MEDARD : vin doux ; *ard* vin, boisson, de là en basque, *arda* vin, *med* doux, bon, *meddw* en gallois et *meddy* en breton vin doux, et SAINT-MEDARD, grand édifice consacré, *ard* grand, *med* temple, *saint* consacré.

Mard.

MARD : vignes, grappes, de là *mardoa* en basque raisin, et SAINT-MARD, enceinte consacrée, *mard* enceinte, *saint* consacré.

Breuil.

BREUIL : enclos de vignes, parc et habitation fermée ; *wil* plants et ceps de vignes, *bre* enclos ; *wil* habitation, *bre* close, de là *breuil* dans l'ancien français parc, bois fermé.

Mors-Fossés.

MORS-FOSSÉS : obstacle et lit de rivière ; *fossés*, *e*, *es* eau, *foss* canal, lit de rivière, *mors* obstacle, empêchement, de là *morsa* en breton, ne pouvoir marcher, et *mors* lent, tardif. En 1148 les Chanoines de Saint-Victor obtinrent de creuser un nouveau canal à la rivière de Bièvre, une digue arrêtait les eaux et les faisait entrer dans ce nouveau canal, qui, traversant l'enclos Saint-Victor, y faisait tourner un moulin, de là cette appellation de *mors-fossés*.

Les TREILLES: treilles et hayes; *treill-e* treille, haie de palissades; *treill* sorte de filet, *treilla* en breton, pêcher avec ce filet.

COPEAU: cuves et caves à vin ; *au* liqueur, jus, *e* dans, *cop*, *cwp* cuve, vase, cave et tonneau.

GRATARD : vin agréable et de bonne qualité; *ard* vin, liqueur, *grat* agréable, *ard* qualité, *grat* bonne, de là le breton *grataat* trouver bon.

ALEZ : grand territoire avec excellent vin, près de l'eau et d'une élévation ; *ez* contrée, terroir, *al* grand ; *ez* bonne, douce, excellente, *al* liqueur; *ez* eau et élévation, *al* auprès.

MUREAUX: vaste enceinte; *aux* clôture, enceinte, *mur-e* qui est grande, vaste.

CUVRON: cuves et pressoir; *ron* action de piler, broyer, presser, de là *rona* en irlandais mettre en pièces, *cuv* cuve, tonneau, vase, de là *cuva* cuve dans les anc. mon.

DRAPELET: petite clôture ; *et* avec, *el* petite, *drap* claie, clôture, et *drap* piéges.

ENTECHELIÈRE : petit enclos produisant beaucoup de vin ; *ère* abondant, *li* jus, liqueur, *e* dans, *tech* clos, *en* petit.

CLOS MARGOT : Arbrisseaux près d'un marais ; *got* arbres, arbrisseaux, plants, ceps, *mar* beaucoup ; *got* auprès, *mar* broussailles et marais.

CHAMPEAUX : clos et habitations au milieu des terres; *aux* clôture, habitation, *e* entre, dans, *champ* terre, sillon.

CLOS DE MALEVART connu depuis sous le nom de Courtille : clos et arbres à fruit près d'une montagne; *wart* clôture, enceinte, *e* de, *mal* arbres à fruit; *wart* clôture, *e* près, *mal* élévation.

CLOS GEORGEAU: enceinte et arbres fruitiers près d'une hauteur; *geaw* clôture et arbres fruitiers, *ge-or* auprès d'une montagne.

CLOS DU HALLIER : enclos près d'un bois ; *er* habitation, asile, *i* dans, *hall* bois, arbres.

PONT PETRIN ou PERRIN : petit ruisseau intercepté ; *rin* pointe de terre et ruisseau, *pet*, *per* petit, coupé, diminué, intercepté, de *pet*, vient notre mot *petit*.

Les Treilles.

Copeau.

Gratard.

Alez.

Mureaux.

Cuvron.

Drapelet.

Entechelière.

Clos Margot.

Champeaux.

Clos de Malevart.

Clos Georgeau.

Clos du Hallier.

Pont Perrin.

Marais.   Et Marais : contrée d'eau ; *ais* surface et de tous côtés, *mar* eau, de là le basque *mariac* et le breton *maraes* marais.

Rues.   Des Rues étroites, tortueuses, jamais nettoyées, bourbeuses, pleines d'immondices, puantes, hideuses à voir, pénibles à parcourir et malsaines à habiter, telles étaient, dit Dulaure, les communications qu'avaient les Parisiens et parmi les Noms des rues du Paris de cette époque, nous remarquons ceux-ci :

Rues Merderais, Merderet, Merderiaux, Merderel, Breneuse.

Du Pet, du Petit-Pet, du Gros-Pet, du Pet-au-Diable, Cul-de-Pet, Tire-Pet, Put-y-Muce ou Put-y-Musse, Putigneuse.

Du Fouarre ou Feurre.

Aux Oues ou aux Ours.

De Mauconseil, Maleparole, du Grand et du Petit Marivas, du Grand et du Petit-Huleu ou Heuleu, de la Grande et Petite Truanderie.

Des Billettes, des Haudriettes, Taille pain appelée aussi Baille Heu ou Baille Hoë, Mal désirant, Maudestour.

De Trop-va-qui-dure ou Qui-my-trouva-si-dur.

Orde-Rue, Maubuée, Malivaux, Pont-Livaut.

Le Cul de sac Putigneux, le Trou Punais, le Trou Bernard.

La Fosse au Chien aussi nommée Fosse au Chieur.

Le Champ Gallard, le Champ Pourri.

L'Abreuvoir de Mascon.

Dulaure trouve quelques-uns de ces noms grossiers et obscènes comme : Merderet, Tirepet etc.

D'autres ridicules comme : Taille pain, Trop-va-qui-dure etc.

Quelques-uns suivant lui indiqueraient les intentions ou les habitudes malfaisantes de ceux qui les habitaient comme : Mauconseil, Mauvoisin, etc., et d'autres les débauches dont les rues étaient les repaires comme Put-y-Muce, Putigneuse, etc.

Nous ne pouvons partager l'opinion ou plutôt l'erreur de Dulaure, nous apercevons seulement dans ces noms de la trivialité et des jeux de mots comme en faisaient nos ancêtres, comme nous en faisons encore et comme on en retrouve dans quelques enseignes du vieux et du nouveau Paris telles que : au Puits Sans Vin (Puissant Vin) à l'épi Scié, (Epicier) au Bon Coing, (Bon coin) au Grand I vert, (Grand Hiver) etc ; et voici les indications qu'ils contiennent :

Merderais.   Merderais et Merderet : voisinage d'un marais, d'une eau qui n'a pas d'écoulement; *et*, *ais* proximité et surface, *mer-der*, *der* croupissante, qui ne s'écoule pas, *mer* eau en général, de là le finlandais *meren*, marais.

MERDERIAUX : habitation près d'une eau stagnante ; *aux* habitation, *i* auprès, *der* mauvaise, stagnante, *mer* eau.

MERDEREL : amas d'eau croupie, *el* réunion, amas, *der* puante, croupie, *mer* eau.

ORDE-RUE : un chemin dégoutant ; *ru-e* chemin, *ord-e* qui est rempli de saletés, de là notre mot *ordure*.

BRENEUSE : voisinage d'une eau corrompue ; *e* auprès, *eus* eau, *bren* puante, qui se corrompt, jonc, etc.

TAILLE PAIN : tas d'ordures, d'immondices et d'excréments ; *pain* abondance, *taill-e* de boue, ordures, immondices, fumiers, fientes d'animaux et d'excréments humains.

BAILLE Hoë ou BAILLE HEU; fosses et bassins, *hœ*, *heu* fosse, *baille* creux et bassin, de là *baille* terme de marine pour signifier moitié de cuvier servant à mettre de l'eau sur le pont d'un navire.

MAUBUÉE indique des cuviers servant aux lessives; *bue-e* pour eau et lessive, *maw* bassins, cuviers, vases et fontaines. *Buer* est un vieux mot français qui signifie lessiver; il vient de *er* action de travailler, et de *bu* eau; on appelait la lessive *buée* dans la Bretagne, l'Anjou, le Maine et la Touraine, *bue*, *bui* et *buie* en Normandie et *buie* en Franche-Comté.

Rue du Pet; *pet* signifie jardin, verger, enclos.

PETIT PET ; petit enclos.

GROS PET ; verger étendu; *pet* jardin, verger, *gros* ample, spacieux.

CUL DE PET ; enclos dans un lieu resserré; *pet* verger, enclos, *de* touchant, *cul* angle et endroit resserré.

DU PET AU DIABLE ; Sauval dit que cette dénomination lui fût donnée à cause d'une tour carrée qui se nommait anciennement le vieux Temple; c'est en effet ce qu'indique ici le nom *diable*, *ble* forteresse, *dia* haute, éminente, *au* auprès, *pet* enclos; et le mot TEMPLE signifie lui-même habitation fortifiée, *ple* lieu, demeure, *tem* fortifié.

MAUDESTOUR marque le voisinage d'un lieu sentant mauvais; *twr* environ, *des* lieu, *mau* qui sent mauvais.

Maliveaux.   MALIVAUX : c'est une plantation d'arbres publique ; *vaux*, *vauch* grand nombre et commun , *mali* allée d'arbres.

Mal désirant.   MAL DÉSIRANT : un lieu qui a mauvaise odeur ; *ant* habitation, *ir* auprès, *des* lieu, champ, *mal* qui a mauvaise odeur.

Mauconseil.   Rue MAUCONSEIL : un endroit où l'on resserre des cuirs ; *seil* habitation , cave, cellier, *con* avec, *maw* cuir, peau qui a encore son poil ; *seil* graisse , *con* joint à , *maw* peau , vache et bœuf ; *seil* lieu, *con* avec, *mau* mauvais goût.

Maleparole.   MALEPAROLE : lieu où l'on prépare des cuirs ; *le* lieu, *o* grand nombre, *par* préparé, *male* cuir, peau, de là *malle* en breton, peau qui a encore son poil, *mallos* en grec poil.

Put-y-Muce.   Rue PUT-Y-MUCE ou PUT-Y-MUSSE ; fosse publique et eau nauséabonde ; une voierie existait dans cet endroit ; *e* dans , *muc* , *muss* fosse , trou , lieu bas ou caché , *y* cau , *put* publique, désagréable, nauséabonde, mauvaise, corrompue.

Putigneuse.   RUE PUTIGNEUSE : voisinage d'un petit puits ; *neus-e* qui est auprès, *ig* petit, *put* fosse et puits, de là le latin *puteus*, l'allemand *putt* et le flamand *put* puits.

Cul de sac Putigneux.   CUL DE SAC PUTIGNEUX a la même signification de proximité d'un petit puits ; *neux* voisinage, *put-ig* petit puits.

Grand et petit Huleu.   Rue du GRAND et du PETIT HULEU ou HEU-LEU ; *hu-leu* est un trou qui contient de l'eau; *eu* eau, *hul* trou; *heu-leu* une fosse et de l'eau; *leu* eau, *heu* fosse, de là le gallois *heu* enterrer.

du Fouarre.   Rue du FOUARRE ou du FEURRE; *foar, fouar, feurr, fwr* ont indiqué un marché, un lieu public pour le commerce, de là notre mot *foire* et le latin *forum* ; ils ont aussi signifié herbages, patûrages, foin, herbe, de là en irlandais *feurcha* et *feurlan* greniers à foin , puis en vieux français *feurre*, a fini par signifier pailles, fourrages.

du Pont Livaut.   RUE du PONT LIVAUT : elle tirait son nom d'un petit pont jeté sur la Bièvre ; *aut* bord, *liv* rivière, de là *liva* en breton déborder, inonder, *livat* inondation, *livad* torrent, ravine, de là aussi *livel* dont on a fait en vieux français *nivel* puis niveau, *pont* élévation.

des Billettes.   Rue des BILLETTES : *billettes* indique des magasins de friperies ; *ett-e* en quantité, *bill* guenilles, friperie, lambeaux d'habits ou de hardes déchirées, fragments, morceaux de drap.

aux Oues ou aux Ours.   Rue aux OUES ou aux OURS : ainsi que nous le verrons plus loin, tous les ans, le trois juillet, les habitants de la rue aux Oues ou

aux Ours, promenaient dans Paris une figure gigantesque, mannequin qui était ensuite brûlé dans cette rue, *ours, wrs* signifie
course, promenade, procession, danses, sauts, gambades, et *oues,
œs, wes* coutumes, usages, promesse faite à la divinité et épée.

Rue des HAUDRIETTES. Étienne Haudri, Pannetier du roi Philippe-
le-Bel, fonda une chapelle et un hôpital pour trente-deux veuves
qu'on nommait les bonnes femmes de la chapelle d'Étienne Haudri.
C'est de lui que la rue prit son nom d'Haudriettes, mais *Haudri*
indique la profession de Pannetier et devint un nom de famille
comme le *Queux*, etc.; *dri* marque l'action de retailler, casser,
briser, couper, rogner, trancher, et *hau* signifie nourriture,
aliment.

des
Haudriettes.

Rue de TROP-VA-QUI-DURE ou de QUI-M'Y-TROUVA-SI-DUR. Elle était
près de la place actuelle du Châtelet. *Qui-m'y-trouva-si-dur* indique
un étroit espace dans lequel une petite fontaine, au détour d'une
rue; *dur* fontaine, *si* petite, *va* à cause de, *trw* détour de chemin,
lieu où il fait un coude, *my* étroit, *cwi* espace; et *trop-va-qui-dure*
indique une place publique et une fontaine; *dur-e* près d'une
fontaine, *cwi* espace, *va* pour, à cause de, *trop* la multitude,
le public.

Trop-va-qui-
dure.

Rue du GRAND et du PETIT MARIVAS. *Marivas* signifie temple,
tombeaux et cimetière; *vas* tombeau et temple, de là en dauphiné
le nom de Champ du *Vas* à l'endroit où était autrefois l'église de
Saint Marcellin; et en Auvergne le nom de *Vas*-Saint-Artem,
à l'endroit où se trouvait jadis l'église de Saint Artem; *i* en, *mar*
pierre, de là *maray* pierre en persan; *vas* tombeau, creux, fosse,
y beaucoup, *mar* mort, défunt.

Marivas.

Rue de la GRANDE et de la PETITE TRUANDERIE. *Truanderie,*
c'est une vaste habitation pour les malades; *e* pour, à cause,
eri mal, maladie, infirmité, infirme, malade, languissant, valétu-
dinaire, *and* grande, vaste, spacieuse, *tru* demeure, habitation;
un lieu où l'on rencontre beaucoup de misère et de pitié; *eri-e*
dans le lieu, dans l'habitation, *and* beaucoup, *tru* misère, pitié,
compassion, c'est de là qu'est venu le breton *truan, truand* pauvre,
gueux, qui fait pitié, mendiant, malheureux, qui excite à compassion, triste, affligé, misérable, et le français *truand, truant*
gueux, pauvre, mendiant, *truander* mendier; on s'est aussi servi
du mot *truand* pour signifier paresseux, on l'emploie en ce sens à

Truanderie.

Metz et en Bourgogne comme *truandise* pour paresse ; de *truan*, *truand* pris dans ce sens est venu le Cens-Truan dont parlaient quelques anciennes coutumes, qui signifie un Cens Dormant, mort ou paresseux, c'est-à-dire un Cens qui ne portait aucun profit ni droits seigneuriaux ; de là *truannus* dans les anc. mon. gueux ; *truanoc* en gallois, digne de compassion, misérable, *truanu* en gallois avoir compassion ; *tru* signifiant à la fois misère et paresse, c'est de là aussi que dans nos campagnes on dit *trucher* son pain pour mendier.

Trou Punais.

TROU PUNAIS : synonyme de cloaque ; *ais* surface, *pun* eau et urine, *trw* fosse.

Trou Bernard

TROU BERNARD : amas de matières infectes ; *ard* mauvaises et en quantité, *bern* amas de choses, de matières, *trw* fosse, cavité.

Fosse
au Chien.

FOSSE AU CHIEN OU AU CHIEUR : trou, rigole où se trouve de l'eau corrompue ; *en*, *eur* eau, liquide, *chi* mauvaise, qui se corrompt, *e* dans, *foss* canal, conduit, fosse.

Champ Gal-
lard.

Champ GALLARD : *Gallard* signifie bons pâturages ; *ard* pâturages, de là *arda* pâturages, mot gaulois conservé dans l'histoire des Comtes de Guines écrite sous Philippe-Auguste, *gall* bons, excellents ; *foenn gall* en breton foin de première qualité.

Chp Pourri.

CHAMP POURRI : indique le voisinage de pâturages ; *ri* contre, *pwr* pâturages, pâture, de là *pori* paître en gallois, et *porisme* en vieux français pré, *champ* terre, sillon.

Abreuvoir
du Mascon.

Abreuvoir de MASCON. Nous lisons dans le dictionnaire des rues et monuments de Paris par MM. Lazare, et dans Piganiol de la Force que la rue de Mascon qui était presque entièrement bâtie à la fin du XIIe siècle, devait son nom aux Comtes de Mâcon, dont l'hôtel bordait une partie de cette voie publique, malgré ces autorités nous ferons observer que le mot *mascon* est synonyme de petit abreuvoir, *con* réunion d'eau, bassin, creux, abreuvoir, *mas* petit.

Divers carrefours et emplacements devant les églises offraient souvent des tristes témoignages de la perversité humaine ou des rigueurs de la Justice, c'est-à-dire des Croix, des potences, des carcans, des piloris et des Échelles.

Échelles.

Les plus célèbres ÉCHELLES étaient :

Celle de l'Abbé de Saint-Magloire, placée vis-à-vis de l'église de Saint-Nicolas des Champs.

L'Échelle de l'Évêque de Paris, près de la rue qui a conservé ce nom de rue de l'Échelle.

L'Échelle du grand Prieur du Temple qui avait cinquante pieds de hauteur à l'extrémité de la rue des vieilles Haudriettes.

Et l'Échelle qui figurait au parvis de Notre-Dame devant la façade de l'église Cathédrale.

ÉCHELLE : *ell-e* petites, *ech* dentelures, coches, entailles, indique aussi un lieu de terreur, un lieu de douleur, *e* dans, *ell* lieu, *ech* craintes, terreurs, douleurs et mort.

Et CROIX , *crwych* signifie souffrance et potence, de là dans les anc. mon. *crux* et *crucia* potence, en latin *crux* affliction, et dans Ciceron, *crux* gibet des Anciens.

On citait la Croix-Cadet, la Croix-Rouge, la Croix du Roule et la Croix du Trahoir ou du Tiroir.

CROIX-CADET indique une potence près d'une place publique, *et* auprès, *cad* place, lieu public, *crwych* potence. | Croix Cadet.

CROIX-ROUGE signifie potence et rupture des membres; *roug-e* division, rupture, de là *roug* en breton déchirure, *crwych* gibet. | Croix Rouge.

CROIX DU ROULE marque une vaste place avec potence; *rou-le* vaste place, *du* auprès, *crwych* potence. | Croix du Roule.

TRAHOIR signifie hache pesante et frapper fort[1]; *oir, wir* pesante, émoussée, souillée, tachée, *trah* hache; *oir* fort, *trah* coup. | Trahoir.

Et TIROIR est synonyme ; *oir* fortement, *tir* frapper; *wir, oir* homme, *tir* cruel, dur; *oir, oer* souillé, taché, *tir* acier tranchant. | Tiroir.

Outre l'Ile de la Cité, berceau de Paris et l'Ile Notre-Dame, la Ville en renfermait trois autres : | Ile de la Cité.

L'Ile aux Javeaux appelée aussi Bouteclou, puis Ile Louvier, où l'on fit pratiquer une espèce de havre en 1549. | Ile aux Javeaux.

L'Ile à la Gourdaine où furent brûlés vifs Jacques de Molai, Grand Maître des Templiers, et Guy, commandeur de Normandie. | Ile à la Gourdaine.

Et l'Ile de Buci ou Bussy. | Ile de Bussy.

BUCI, BUSSY signifie petite ile; *y, i* ile, *buc, buss* petite.

GOURDAINE exprime un lieu de difficile abordage, *ain-e* lieu, *gourd*, difficile à aborder, de là en cornouailles *gwrd* dur, raide ; *e* qui est, *dain* sauvage, abrupte, *gour* bord, rivage.

---

1. Les Gaulois avaient eu pour arme le *matarkh ;* et *mat-tarkh* en breton signifie aussi frappe-fort.

Javeaux indique des pâturages au milieu de la rivière; *aux* prés, pâturages, *e* dans, *jaw* eau, rivière.

Et Boutbclou un bassin, un port creusé en rond; *clw* fosse, port qui a été fait en creusant la terre, *bwt-e*, en rond; *lw* eau, *ec* avec, *bwt* creux en terre, bassin.

Planches-Mibray.

Le pont de Notre-Dame s'appelait Planches-Mibray; ces mots Planches-Mibray expriment que sur un bras de la rivière était un pont construit légèrement; *mibray*, *bray* bras, *mi* milieu et rivière; *bray* pont, élévation, *mi* mince, menu, léger; *planches*, *e*, *es* surface, et *es* morceau de bois, *planch* plain, uni.

Pont de Fust.

Vers ce même endroit de l'Ile Notre-Dame, Sauval indique un pont qui était désigné sous le nom de Pont de Fust. *Fust* signifie poutres, bois propres à toutes sortes d'ouvrages, de là *fusta* en espagnol bois scié, fort délié, *fusto* en italien tige, tronc d'arbre; *fusta* et *fustana* dans les anc. mon. pièce de bois.

Établissements civils et religieux Notre-Dame.

Parmi les Monuments et Établissements civils et religieux de cette époque, se trouvaient :

L'église Notre-Dame.

L'ancienne église qui d'ailleurs tombait en ruines n'était plus en proportion avec la population croissante, et Maurice de Sully eût le courage d'entreprendre, vers 1163, l'entière reconstruction de l'Eglise Cathédrale pour l'achèvement de laquelle il fallut près de 200 ans. C'est un résumé des diverses transformations de l'architecture au moyen-âge. L'un de ses portiques est remarquable par un Zodiaque; onze Signes seulement, chacun accompagné de l'image des travaux champêtres ou attributs qui y correspondent, sont sculptés tout autour de la voussure du portique. Le douzième Signe, celui de la Vierge, se trouve adossé au pilier qui sépare les deux portes de ce portique sous la figure de la Vierge Marie qui tient l'Enfant Jesus dans ses bras, à la place de Cerès dite la Vierge Sainte qui tenait aussi son Enfant dans ses bras et offrait dans ce Signe zodiacal le symbole d'une fécondité miraculeuse. Au premier pilier de la nef à droite en entrant dans l'Église était adossée la figure colossale de Saint Christophe qui avait vingt huit pieds de proportion; cette figure était représentée courbée sous le poids d'un Enfant qu'elle portait sur ses épaules, ce qui, dit Dulaure, rappelle qu'Hercule était aussi souvent représenté portant sur son dos l'Enfant appelé Amour et paraissant comme la figure de Saint

Christophe succomber sous son poids. Cette figure, qui, en admet-
tant la remarque de Dulaure, eût fait sans doute allusion au Culte
tout d'Amour de la mère du Christ, ne disparût qu'en 1785.

ZODIAQUE qui signifie Pluralité de Lumières dans le Ciel, a aussi
la signification de : Action de Créer, de semer, planter, accroître,
liquefier etc., *ak-e* qui est l'action, *zodi* de donner l'être, enfanter,
créer, semer, distiller, exprimer jus et suc etc.

Dans l'acception actuelle et Religieuse du mot DAME, ce Sanctuaire fût évidemment érigé en l'Honneur du Culte de la Vierge,
mais c'est par extension du Sens propre au sens figuré. DAM
marquant le plus haut degré de la Perfection a commencé par
signifier : Dieu, Seigneur, Ciel, Cercle, Temps, Bœuf, Taureau,
Feu, Soleil et Lumière. Dans le sens propre cette église est donc
le Temple de Dieu, du Seigneur, du Feu et de la Lumière ; de Feu
et Lumière on fit Clarté, de Clarté Pureté et de Pureté Virginité,
et voilà pourquoi les Vierges étaient les Prêtresses du Culte du Feu
et comment dans la Nouvelle Religion les Sanctuaires portant le
nom de NOTRE-DAME sont les Temples du Culte de la Vierge; quant
au mot qui précède DAME, il ne faut pas le confondre avec
l'adjectif *notre,* il est composé de RE qui signifie grand, remarquable, et de NOT qui veut dire Temple, Sanctuaire, de là en
breton *not* asile, refuge, et en cornouailles *notua* sanctuaire.

Victor Hugo dans sa Notre-Dame de Paris cite le mot ANATH écrit
sur la muraille de cette église et lui donne d'après la traduction du
grec, la signification de Fatalité. *Anath* dans notre ancien langage
signifie Misère, de là dans les anc. mon. *anatus* misérable, mais,
écrit sur la muraille de Notre-Dame il avait trait au Zodiaque et
anath exprime la Course du Soleil, *ath* lumière, *an* cercle ; *ath*
lumière, *an* vraie ; *ath* lumière, *an* course, chemin, passage, et
anath étant la Lumière Vraie, le breton en a fait son mot *anat*
évident, clair, luisant, brillant.

Saint LAZARE, ancienne Leproserie ou Maladrerie.

Elle était nommée autrefois SAINT LADRE et avait une église:

Saint Lazare et *Saint Ladre* signifient enceinte consacrée; *re*
grande, *lad* enceinte, *saint* consacré ; *ar-e* dans les champs, de là
ara en basque labourer, *laz* lieu, *saint* consacré.

Lazare exprime aussi la maladie de la peau ; *ar-e* de la peau,
laz, mal, maladie, affliction.

Zodiaque.

Anath.

St-Lazare.

Et *Maladrerie* indique une habitation de Lépreux, *e* dans, *eri* habitation, *ladr* lépreux, *ma* en quantité, de là *ma* en breton abondant.

St-Anastase.   L'hôpital de Saint ANASTASE.

Il fût fondé pour héberger les pauvres passants; on y introduisit au XIV⁰ siècle des Religieuses Hospitalières sous ce titre de Saint Anastase; elles s'y multiplièrent à tel point que les Pauvres n'y trouvèrent plus de place.

Anastase signifie fatigue en voyage et misère en commun; *taz-e* en voyage, en marche et en commun, *anas* misère, fatigue, peine, de là dans les anc. mon. *anastas* misère, sollicitude, souci, et *Saint Anastase* indique une vaste habitation pour les besoins du peuple, *tas-e* de la multitude, du commun, *an-as* habitation vaste, *saint* consacré.

Chapelle   La chapelle de Saint BON[1] appelé aussi *Sanctus Baldus* et *Saint*
Saint Bon.   *Bonnet.*

Ces trois noms sont synonymes de demeure consacrée; *bon* fondation, demeure; *bonnet, et* petite, *bonn* enceinte, de là *bonait* en irlandais habitation et fondation, et *bald* ou *baldus* enceinte, demeure, *saint* consacré.

St-Landri.   L'église de Saint LANDRI[2].

Saint Landri signifie grand temple consacré, *dri* grand, *lan* temple, enceinte, de là *lan* église en breton, *saint* consacré.

St-Nicolas.   L'église Saint NICOLAS[3] près de la Seine et qui donna son nom au port voisin.

Cette collégiale fût dans son origine un hôpital pour les pauvres clercs. *Saint Nicolas* exprime la situation et la destination de cet établissement; *olas* près de la rivière, de là le basque *ola* rivage de la mer, *nich* demeure, *saint* consacré; *las* douleur, maladie, affliction, *o* dans, *nic, nich* demeure, *saint* consacré.

Saint Nicolas est le patron des nautonniers, il remplace
Neptune.   Neptune; NEPTUNE signifie: qui domine sur les flots et sur les falaises; *e* sur, *tun* falaises, rochers escarpés, la montée de l'eau, les flots, *nep* qui domine, et parmi les significations de *nicolas* on en remarque une semblable à celle de Neptune; *olas* au-dessus des

1. BON nom d'homme, excellent et distingué.
2. LANDRI nom d'homme, *dri* très, *lan* illustre, remarquable.
3. NICOLAS nom d'homme, *as* famille, *nichol* très-puissante.

flots, des rochers, des falaises, *nic, nich* qui réside, qui trône. *Neptune* veut dire encore: qui excelle en ruses, en espiègleries, *tun-e* en finesses, en ruses, en espiègleries, *nep* qui excelle, et les Marins ne l'oublient pas dans leurs farces ou cérémonies du passage de la Ligne.

Le couvent des MATHURINS. Mathurins.

Il remplaçait un hôpital dédié au Saint de ce nom. Ce Saint autrefois était en faveur pour la guérison des personnes atteintes de folie, et *mathurin* signifie qui extravague, *in* dans, *ur* tête, *math* coup, fracture, extravagance.

L'hôpital de la TRINITÉ. Trinité.

Trinité veut dire résidence en commun, *té* demeure, *i* en, *trin* commun, grand nombre et multitude.

L'hôpital Sainte CATHERINE. Ste-Catherine

Catherine entr'autres significations a celle de partage, distribution entre tous, *rine* partage, distribution, *e* entre, *cath* le peuple, le grand nombre.

La chapelle devenue église de Saint JOSSE. Saint Josse.

Saint Josse indique une enceinte consacrée, *jwss-e* demeure, enceinte, *saint* sacrée, consacrée.

La chapelle Saint LEUFROY. St-Leufroy.

La signification de *Saint Leufroy* est: prompte lumière qui vient de Dieu, *frwy* prompte, *leu* lumière, *saint* venant de Dieu.

L'église de Saint JACQUES[1] de l'Hospital[2]. St-Jacques
de l'Hospital.

Tous les ans les confrères de l'Hôpital célébraient leur fête par une magnifique Procession composée de pélerins portant chacun une calebasse pleine de vin qu'ils vidaient et faisaient remplir de temps en temps à la vue des spectateurs. Cette procession, dit Sauval, était terminée par un grand faquin vêtu en Saint Jacques avec la contenance d'un crocheteur qui veut faire l'honnête homme; au retour tous les Pélerins dînaient ensemble dans les salles de Saint Jacques l'Hospital; Celui-ci assis au bout de la table avec deux hommes qui l'éventaient, regardait ainsi dîner la compagnie sans oser manger, parceque les Saints ne mangent point.

---

1. JACQUES, *es* qui est, *jack* le sauveur, de là *jacki* en esclavon, qui sauve.
2. HOSPITAL, *tal* pension, habitation et nourriture, *i* chez, *hosp* hôte, de là le latin *hospes*.

Antoine Fusil, Curé de Paris et docteur de Sorbonne, décrit
ainsi cette procession; « Un épitome de cela se peut observer en
« Juillet à la procession de Saint Jacques de l'Hospital à Paris où
« ils contrefont ce Saint sur quelque bon tetteur de gobelets qu'ils
« appellent Roy et le travestissent d'un chapeau, bourdon, canne-
« basse et d'une robe à l'apostolique toute recoquillée, recamée
« par dessus d'écailles et de moules de la mer, c'est là où la
« cannebasserie est vidée en perfection et Dieu sait si durant le
« disner la bourrache de cuir bouilli est répétée en tirelarigod et
« après le disner ils dansent la Feste en hymne de chaire tabou-
« rinée, solemnisant leur Pélerinage en Bacchants, ainsi ils
« bacchanalisent la Sainteté de leur Solemnité ; ils dansent gim-
« brettent et carollent le Mérite supposé de leur voyage en Galice. »
   Saint Jacques indique un asile charitable et sacré; *es* asile,
refuge, *jack* charitable, salutaire, *saint* sacré.

L'église du Saint Sépulcre.
   Saint Sépulcre signifie cendre et poussière dans une enceinte
consacrée ; *cre* cendre, résidu, poussière, de là *cre* en irlandais
terre, limon, argile, *ul* réunion, de là en irlandais *ulu* tas, monceau, *sep* enceinte ; *cre* amas, de là en breton *cre* abondamment,
et *creach* monceau, *ul* cendres, de là en gallois *ulw* cendres rouges
de feu, *sep* enceinte, *saint* consacré.

L'Église et l'Hôpital attenant de *Saint Julien* des Ménétriers.
   Les Ménétriers ou Jongleurs étrangers passant par la Ville de
Paris étaient hébergés dans cet hôpital, les ménétriers, jongleurs,
jongleresses formaient alors à Paris une corporation ; ils habitaient
la même rue, celle dite autrefois des Jongleurs et depuis des Ménétriers. Sur le portail de l'église on distinguait ; la statue de Saint
Genest vêtu comme les ménétriers du XIVᵉ siècle et dans l'attitude
d'un homme qui joue du violon.
   Nous avons vu précédemment la signification de Julien et de
Saint Julien. Genest est synonyme de Violon Merveilleux; *est*
creux, cran, entaillure, ais, éclat de bois (ce qui constitue le
violon) *gen* souple, maniable, étonnant, admirable, extraordinaire.
Genest, est place, *gen* menton.

La chapelle de Saint Yves.
   Elle fût fondée en 1348 par les Écoliers Bretons étudiant à Paris.
Saint-Yves qu'on nommait l'avocat des pauvres devint le patron

des avocats et des procureurs. Yves marque l'action de mettre
les causes en état; *es* mettre en état et en disposition d'être utile,
de là le breton *es* facile, commode, *yw* procès, causes, querelles,
débat ; de là le gallois *ywen* ou *sywin* se disputer, ˋplaider, *es* qui
est, *yv* la lumière ; de là le gallois *yvel* feu, *saint* divin, et Saint-
Yves indique un Temple consacré, *es* qui est, *yv* l'habitation, la
propriété; de là en gallois *ywer* appartenant, *saint* consacré à Dieu.

Au nombre des Places Publiques se trouvaient celles dites Gloriette et Maubert.

Maubert : signifie enceinte avec boutiques portatives ; *bert*
enceinte, *mau* sacs, besaces, valises, balles, ballots, boutiques
portatives de merciers; et *bert* tas, amas, *maw* boue, ordures et
immondices. **Place Maubert.**

La place appelée Gloriette était sur l'emplacement d'un ancien
Fief de ce nom au bord de la Seine. Gloriette exprime cette
situation ; *te* enceinte, *et* auprès, *glori* courbure, sinuosité et
division de rivière. **Gloriette.**

Parmi les habitations détachées étaient les maisons de plaisance
de Popincourt, de Reuilly et de la Roquette.

Reuilly était un palais dont il est encore fait mention sous le
Roi Jean; il avait remplacé une maison de campagne qui fût
habitée par plusieurs Rois de la première race. Reuilly signifie
vaste habitation ; *y* habitation, *rhwyll* vaste, grande, élevée, de là
en gallois *rhwyl* le palais royal, et *rhwyll* balustrade. **Reuilly.**

Popincourt indique une demeure à l'extrémité du pays ; *court*
habitation, enceinte, *pin* à l'extrémité, *po*, *poo* pays, *poh* en
hébreu, ici, en ce lieu, et *poou* en breton contrée ; on l'appela longtemps, simplement ; Pincourt, c'est-à-dire demeure sur les
limites ; Jean de Popincourt premier Président du Parlement de
Paris sous Charles VI, y avait une maison de plaisance et c'est de
la maison de plaisance que provint le Nom du premier Président. **Popincourt.**

Et Roquette ou Rochette veut dire petit château ; *ette* petit,
roc, *roch* château, de là le latin barbare *roca*, *rocka* et le vieux
français *roque* dans la signification de château, forteresse, synonymes de *podium* et de la *motte*. **La Roquette.**

Nous venons de parler de l'État Physique de Paris, nous allons
causer du côté Moral et Religieux de cette Ville, en esquissant le

tableau des Fêtes et Cérémonies, Superstitions, Jeux et Divertissements au Moyen-Age, et aussi en empruntant quelques pages
aux *Croyances et Légendes* de M. Alfred Maury de l'Institut.

Les Aryas. Aujourd'hui que notre Origine Asiatique n'est plus contestée,
que nous ne ressemblons plus à ces parvenus qui méconnaissent
leur famille, que la fraternité de notre Langue avec le sanscrit est
suffisamment démontrée, et que la reconnaissance du tout est
acquise comme fait accompli , ce n'est point se hasarder que
de dire : que là où se sont rencontrés les mêmes Mots pour en
rendre l'expression , ont germé les mêmes Idées , les mêmes
croyances Religieuses.

Cette filiation qui fait que les Gaulois sont les Descendants de
nos plus anciens parents les Indiens, n'a rien qui doive nous sur-
prendre ni nous blesser ; l'esprit Parisien ne s'offensera pas de ce
rapprochement , car Indien signifie: la Science parfaite, la vraie
Lumière ; *dien* exacte, vraie, parfaite, *in* science et lumière. C'est
une filiation presque Divine, et l'Inde est la source de la science
comme le dépôt des traditions antiques ; c'est l'héritage dont ont
vécu nos ayeux qui le transmirent à ces peuples dont sont sorties
les deux Nations les plus civilisées du monde, la France et l'Angleterre.

Dans les hautes vallées de l'Oxus, — *oxus* veut dire : grande
rivière, *us* grande, *ox* rivière, et Vallées fertiles, *us* contrées,
vallées , *ox* fertiles et élevées — et près de la grande chaîne
de montagnes de l'Imaüs. — *Imaüs* signifie : réunion de montagnes, *aüs* montagnes , pointes, sommets , *im* liaison, union,
chaîne ; Pâturages abondants , *aüs* prairies , pâturages , *im* en
grande quantité, de tous côtés, et préparation de beurre, *aüs* façon,
préparation , agencement , *im* beurre, laitage , en irlandais *im*
signifie encore du beurre, il était un Peuple nommé les Aryas, —
et ici nous devons énumérer les Qualités et Significations que ce
Peuple attachait à son nom d'*Aryas*. Il signifiait d'abord — pays
de rivières et de montagnes, *as* contrée, pays, *y* de, *ar* montagnes
et rivières, — peuples de pasteurs, *as* nation, peuple, pays, *y* beaucoup, *ar* bergers, pasteurs, agneaux, moutons, béliers, troupeaux,
de là *aria* en basque bélier, agneau, de là *aries* latin et *aret* en au-
vergnat bélier ; — puis — source des lumières, *as* contrée, *y* source,
ar lumière, — le premier dans l'art de cultiver, *as* origine, *y* de, *ar*

art de cultiver la terre, de là le latin *aro* labourer, et l'islandais *aria* labour, — et moralité en paroles et en actions, *as* force morale, *y* en, *ar* parole et action.

En Asie, les représentants des Aryas sont maintenant les Hindoustans ; les Perses, que nous nommons encore les Français d'Asie, et parmi lesquels on remarquait autrefois la tribu des Germaniens, sont leurs frères ; en Europe leurs descendants sont nombreux, c'est toute la Race Indo-Européenne ; leur Langage, le sanscrit, et leur Religion furent la langue et la religion primitives des Celtes et Gaulois, des Grecs, des Germains, des Slaves, puis des Latins qui sont venus les derniers et se composent de Grecs et de Gaulois ; nous occuper de leur religion, de leur culte, c'est parler du Culte et de la Religion de nos Ancêtres, lointains il est vrai, mais les croyances religieuses ne s'éteignent ni par les réformes, ni par les révolutions, ce sont souvent au contraire des motifs de les raviver, et ces motifs n'ont jamais fait défaut. Nous devons donc retrouver dans les croyances et dans le Culte de l'ancien Peuple des Aryas, la Morale, les Dogmes principaux, peut-être même les Pratiques de la Religion enseignée dans la suite par les Druides et de celle professée depuis chez les descendants des Gaulois.

Le peuple de — cette Terre Sainte des premiers âges — était un peuple essentiellement pastoral. Le lait, le beurre, la chair des troupeaux qu'il élevait et quelques céréales qu'il récoltait, voilà quelle était sa nourriture. Vivant dans les champs et les pâturages, le resplendissant spectacle de la Nature était toujours présent aux yeux des Aryas qui pouvaient en admirer les détails et l'immensité ; les clartés sans nombre du firmament et surtout le soleil qui, par sa splendeur, les fait toutes disparaître, lui semblaient comme autant d'Êtres supérieurs ; aussi à tous ces phénomènes lumineux, à tous les agents qui leur donnent naissance, le Soleil, le Feu, les Étoiles, l'Éclair, la Foudre et les effets qui s'y rattachent, l'Aurore, les Nuages, la Nuit, les Aryas rendaient-ils un Culte de respect et de crainte, de reconnaissance et d'amour. Mais pour ce peuple qui cependant leur adressait ses prières et les appelait les DEVAS, clartés célestes, *as* lumière, clarté, *dev* nombreux, pressé, serré et céleste, ces Êtres supérieurs qu'il divinisait n'étaient considérés que comme des métamorphoses d'une Divinité unique et invoqués par lui comme auxiliaires seulement de cette divinité.

Indra. L'Être mystérieux, invisible, impénétrable, le Dieu unique et éternel, dont la puissance était sans bornes, irrésistible, incomparable, Dieu du Ciel, Roi du Monde, au-dessus de Tous, des Jours et des Nuits, de l'Air et de la Mer, qui s'étendait plus loin que le vent, que la terre, que les fleuves, que le monde, les Aryas le nommaient INDRA, et ce nom est une magnifique définition de la Divinité : Indra c'est-à-dire la suprême Conception et l'éminente Exécution, *dra* suprême, sublime, *in* conception, intelligence, puissance, force, génie; *ra* qui est, qui fait, *ind* le commencement et la fin. Ils lui donnaient parfois l'épithète de MAGHAVAN qui signifie brillant et généreux dans ses largesses et dans le combat, *van* brillant, grand, divin, généreux, *a* dans, *magh* combat, largesses, nourriture de là le breton *magher* nourricier.

« Nos Pères — dit un chantre Arya — ont jadis honoré par « l'offrande et la prière ce Dieu qui, clément et fort, siége sur la « Montagne Céleste, sauve ses amis et détruit ses ennemis; comme « faisaient nos Pères, je veux glorifier dans un hymne nouveau le « Dieu fort et antique. » Aussi était-ce à lui que tous les hommes devaient leurs prières.

Oraison dominicale. Au Dieu des Chrétiens nos Prêtres disent : « Notre Père qui êtes « aux Cieux, que votre Nom soit sanctifié, » — et au Dieu de nos Ayeux les Prêtres des Aryas disaient : « Maître du Ciel et de l'Air, « tu es le Père du Soleil, nous te louons, toi Maître Céleste du « Monde, animé et inanimé. » Le Prêtre Chrétien ajoute : « Que « votre volonté soit faite en la terre comme au ciel, » — et le Prêtre des Aryas ajoutait : « Qu'Indra vienne à notre secours, « qu'il brille comme le Soleil dans toute la plénitude de sa force, « ne vous taisez pas, ô Dieu et n'arrêtez pas plus longtemps les « effets de votre puissance, » — donnez-nous aujourd'hui notre pain quotidien, dit le Prêtre Chrétien. — « Tu donnes aux mortels « la portion qui leur revient, apporte-nous tes dons comme un père « à ses enfants, disait le prêtre Arya. » — Pardonnez-nous nos offenses, ajoute le Prêtre Chrétien : — « Nous avons commis de « grandes fautes, fais que nous n'en ressentions aucune peine « disait le prêtre des Aryas. » — Ne nous induisez point en tentation dit le prêtre de nos enfants. — « Fais que nous ne soyions « pas exposés aux mauvais desseins d'un ennemi inconnu, disait « le prêtre de nos ayeux. » — Et tous deux ajoutent : délivrez-nous du mal ; et ces prières des Aryas étaient adressées au Dieu Unique, vingt siècles avant l'Ère Chrétienne.

Les chants religieux des Aryas sont rapportés dans le Rig-Veda, et l'on fait remonter au XIVᵉ siècle avant Jesus-Christ le traité du DJOTICH annexé au Rig-Veda. Djotich est synonyme de calendrier, *tich* durée, écoulement, division, o du, *dj* temps, jour.

Le RIG-VEDA est la réunion des Hymnes, l'ensemble de la doc- Rig-Veda.
trine Théologique du Culte révélé par la nature, des Arbres et du Feu ; VED signifie Éclair , Jet de Lumière en même temps qu'Arbre. L'un a Procédé de l'autre, et là aussi le Père et le Fils ne font qu'Un ; il signifie également science et maximes, et géné-ralement les termes d'où résulte la signification de Feu, Lumière, sont l'expression de Sciences, Lettres, Voix, Maximes et Arbres, c'est ainsi que ces significations se trouvent réunies dans Gwyon ou Gwiddon, le Médiateur Druidique. RIG signifie Manifestation et Transfiguration.

Dans le livre du *Rig-Veda* sont les feuillets sacrés exposant l'évidence et la transformation de l'Arbre et du Jet de la Lumière, *a* de, *wed* jet de lumière et arbre, *rig* manifestation et transfi-guration. Nous verrons plus loin comment le WED Divin doit prendre sur la terre un Corps et une Ame semblables aux nôtres, et comment ce corps et cette âme doivent se trouver dans le Saint Sacrifice du culte des Aryas.

Le Rig-Veda, ce Livre Sacré de la religion primitive est l'Arbre aux Racines non moins traçantes que profondes, dont la Tige divine a produit les Rameaux non moins divins de toutes les autres Religions ; Évidence, l'une des significations de *rig*, est l'Origine du caractère pur des religions qui se reflètent sur notre Globe, et Transformation, c'est le point de départ des Mystères accompagnant tous les Rites religieux ; les Mystères ont enfanté le travail de nos imaginations de là le Mysticisme, et le travail a affaibli certaines organisations de là les Superstitions. Telle était apparemment la loi de Dieu puisque la Lumière elle-même se perd dans l'Obscurité.

Le PALMIER[1] était l'Arbre Sacré chez les Aryas, comme le fût le Palmier.
Pin qu'à l'équinoxe du printemps on portait en grande pompe dans

1. De temps immémorial les Indiens célébraient les neces des Dieux sous l'em-blème de deux Palmiers, l'un mâle, l'autre femelle ; ils les plantaient à côté l'un de l'autre au sommet de quelque montagne (FÉLIX LAJARD).

le temple de Cybèle et dont les Égyptiens ont adopté la forme dans leurs Pyramides,[1] comme le fût le Chêne pour les Druides et comme l'est aujourd'hui le Buis pour les Catholiques.

SARCOSTEMMA VIMINALIS. — Viminalis vient de Vimen que s'est approprié le latin, et qui est composé de *wim-en, en* arbre et plante, *wim* qui fait des nœuds et des cercles, contourné, tortillé ; *en* lumière, soleil, *wim* attraction. — Et Sarcostemma veut dire Arbre Consacré et utile à cause de sa liqueur, de ses rameaux, etc ; *a* pour, à cause de, *temm* sève, liqueur, feu, rameaux, branches, etc , *cos* utile, d'un usage journalier, bon, nécessaire et sacré, *sar* arbre en général de là le nom de Saronides donné aux Druides, et de là *Sarium* bois, forêt en basque.

Il est peu d'arbres plus utiles que le Palmier, qui soient employés à un plus grand nombre d'usages, les Palmiers fournissent à des tribus entières des subsistances, des vêtements, des meubles, des outils de toutes sortes, des tablettes pour écrire, des cables, des voiles, des mâts et des bâteaux ; les Indiens s'alimentent de leurs fruits qui exhalent le plus doux parfum, emploient les durs noyaux après les avoir fait bouillir, à la nourriture de leurs chevaux, font des vases avec les élatés, des toiles avec la bourre, la charpente de leurs maisons avec le tronc , leurs toits avec les feuilles. Le lait et le beurre comme dans l'arbre de la Vache, le sucre, le vin et la farine se trouvent réunis dans le fruit du Palmier.

Cet arbre croît dans les lieux les plus exposés aux tempêtes, depuis le sommet des montagnes jusque sur le bord des mers.

La tige toujours droite du Palmier-Dattier s'élève au moins à 40 pieds de hauteur, son sommet ou chapiteau a environ 6 pieds, et est revêtu de longues branches feuillées appelées Palmes, formant à ce sommet une tête circulaire par son plan et conique par son élévation. Toutes ces grappes de la grandeur d'un homme, chargées de leurs beaux fruits couleur d'or, pendent comme des lustres autour de la cime du Palmier, surmontées de ces belles Palmes verdoyantes qui forment au-dessus d'elles un dais magnifique. Les bases des feuilles et des grappes sont fortifiées par trois

1. **PYRAMIDE**, *myd-e* qui est la couverture, le toit, le tombeau, *myde* en l'honneur, en respect, en mémoire, *a* du, *pyr* seigneur, prince de famille ; *myde* qui est la projection, la grandeur, la vue, l'aspect *a* du, *pyr* feu et soleil.

ou quatre espèces d'enveloppes à réseaux, fortes comme des brins de chanvre et semblables à de grosses étoupes jaunes. Ses feuilles sont non-seulement ligneuses mais élastiques et filamenteuses comme des cordes. C'est sur des feuilles de Palmier, s'échangeant entre les époux, que s'écrit la promesse d'une foi inaltérable.

C'est un abri contre la pluie et un asile contre les ardeurs du jour. Il a servi de modèle à l'architecture, on le voit encore dans les ruines du Temple de Persepolis dont les colonnes ont des chapiteaux à feuilles de Palmier. Par son attitude perpendiculaire et l'égalité de ses diamètres, sa tige a donné le premier modèle de la colonne, comme les crevasses verticales de son écorce qui portent à sa racine l'eau des pluies tombant sur ses feuilles ont donné le premier modèle des cannelures du fût.

Les Palmiers n'ont point de couches annuelles concentriques, et de même que la Canne à sucre, originaire également de l'Inde orientale, ils ne paraissent être que de grandes Plantes du genre des graminées, soumises comme elles aux influences de la Lune dans la pousse de leurs feuilles et de leurs fruits, mais au dehors ils montrent des anneaux en rapport avec les périodes annuelles du Soleil ; chaque mois lunaire ils poussent une feuille comme le Latanier, ou un régime de fruits comme le Cocotier, et leur tête entière s'élève d'un cran. Lorsque les nouvelles Palmes se développent, les inférieures qui sont les plus anciennes tombent et laissent sur le tronc des espèces de hoches raboteuses et annulaires qui servent à la fois de marques chronologiques et de degrés pour monter à son sommet en tirer le Vin ou en cueillir les fruits.

Le Palmier, qui croit sous son influence la plus active, est par excellence le végétal du Soleil ; c'est un Gnome qui marque les Heures par son ombre, les Mois lunaires par ses feuilles nouvelles et les Années par les vieux cercles de sa tige, enfin, suivant l'expression de Bernardin de Saint Pierre, il n'est aucun végétal qui manifeste autant que lui les Harmonies Soli-Lunaires, et si le règne végétal offre des plantes dont les usages économiques soient d'une importance plus grande que ceux du Palmier, ce qui est plus que douteux, il n'en existe aucune qui puisse lui être comparée par la multitude et la variété de ses usages.

On voit que les Aryas ne pouvaient mieux faire l'application du Rig-Veda ; c'est la substance d'arbre, le corps le mieux façonné par Dieu pour la transfiguration, et dans le Mysticisme religieux c'est la Perfection idéale, l'âme de la manifeste TRANSUBSTANTIATION.

Agni.

C'est à MANOU, fils d'AYOU. — Ayou, *w* beaucoup, *ay* enfants, postérité ; — et Manou, *w* beaucoup, *man* science, génie, générosité et habileté ; *w* forgeron, *man* principal. — Que les chantres Aryas font remonter la découverte du Feu obtenu par le frottement du bois, c'est ce qu'ils appellent le frottement de l'ARANI, et à ce

Le feu sacré.

sujet le Rig-Veda dit : « voici le moment d'agiter l'Arani, le mo-
« ment d'enfanter AGNI, le Dieu qui possède tous les biens est dans
« les deux pièces de l'Arani, il y est comme l'Embryon au sein de
« sa Mère. C'est Agni que chaque jour les enfants de Manou en se
« levant doivent honorer avec l'Hymne et l'Holocauste. Prêtre
« intelligent pousse la pièce supérieure dans la pièce inférieure, et
« qu'à l'instant l'Arani fécondée Enfante le Dieu qui remplit tous
« les vœux. »

Agni naissait du frottement du PRAMANTHA contre l'Arani, ou comme disaient les Aryas, des deux Arani, et le bois spécialement usité pour le Pramantha ou bâton frottant était le Palmier-Bananier (*Ficus Religiosa*).

Pramantha exprime un morceau de bois disposé de manière à pouvoir frotter contre un autre ; *ha* terme pour exciter, pour animer, pour frotter, *ant* bois, *pram* bâton ou pièce de bois disposée pour être jointe à une autre — et indique en même temps le feu produit avec le bois, *ha* avec, *ant* bois, *pram* feu et flamme.

Arani marque Ce à quoi cet objet est destiné ; *i* pour, *an* souvent, sans cesse, fréquemment, vivement, *ar* frotter, agiter. — Ce qui apparaît de cet objet , *i* jet de lumière , *an* dans , *ar* bois, — et indique que ce feu est sans odeur, *i* lumière, *an* sans de là le vieux français *ana* sans, *ar* odeur, souffre, — et qu'il est toujours ardent, *i* feu, *an* toujours, *ar* ardent, brûlant.

Dans la Liturgie[1] Védique, Agni a le premier rang après Indra, et *Agni* signifie : — lumière céleste, *i* jet de lumière, *agn* pure, céleste, divine, de là *agnos* en grec, chaste, — feu extraordinaire, étonnant, brillant, *ni* étonnant et brillant, *ag* feu — et bon fils, *ni* bon, doux, clément, utile, miséricordieux, serviteur, *ay* fils et père.

(1) LITURGIE, *gie* qui est la science, *litur* éminemment solennelle et religieuse, — *gie* qui est la double vue, la divination, *lit-ur* sur la pierre, sur l'autel.

Agni est le Gwyon des Druides et l'Agnus dei, l'Agneau sans
tache de la Liturgie Romaine ; le culte des Aryas repose sur le
Mythe du Dieu Agni. Ce peuple de pasteurs voyait briller au Firmament des Feux mystérieux, les rapprochant de Celui qui brûlait
à son foyer et qu'il avait obtenu par le frottement du bois, il croyait
posséder dans sa demeure une Emanation des Êtres célestes, une
Manifestation d'Indra le Dieu Unique et invisible ; il le regarda
comme le Feu du Ciel descendu pour habiter parmi les hommes,
et ce qu'était Indra dans le Ciel, Agni le fût sur la Terre. Il
fût la Divinité venue sur la terre pour éclairer les humains et leur
prodiguer ses bienfaits ; il fût assimilé à un Médiateur regardé
comme le Ministre des vœux et des prières des fidèles ; de là
le soin extrême que mettait l'Arya à entretenir cette Flamme
domestique qui, s'élevant sans cesse vers le ciel, semblait remonter
au lieu d'où elle était descendue, et l'entretien du feu devint ainsi
tout naturellement le fondement du Culte védique. En alimentant
par ses offrandes la flamme divine, le Chantre Arya appelait
Agni son protecteur, son parent, son ami, son guide, son
Dieu tutélaire ; plus tard Agni ne fût pas seulement la Flamme
naissant du frottement du bois, ce fût aussi le Feu Intérieur
répandu dans tous les Êtres et leur communiquant la Vie ; Agni
existait là même où il ne se manifestait pas ; pénétrant toute la
Nature de son action vivifiante, il était tour à tour latent ou sensible, aussi le chantre Arya donne Agni comme existant même
lorsqu'il ne paraît pas dans la demeure suprême ; Agni est le Dieu
de la lumière pure, c'est véritablement l'ame du Monde ; chaque
matin et chaque soir les Aryas adressaient leur prière à Agni. —
« Immortel Agni, c'est toi que les Mortels invoquent le premier
« dans leurs prières, disent les Poëtes Védiques ; » et non-seulement Agni partageait avec Indra la toute-puissance, mais il
usurpait même le premier rang et devenait la Divinité Suprême
de l'Arya. C'est alors qu'il était considéré comme identique au
Soleil, forme visible du Père ; qu'il était l'Incarnation, dans la
flamme, du Dieu formateur du Monde. Cette prédominance du Fils
sur le Père est dans la nature de l'homme qui a besoin de voir, de
sentir près de lui la Divinité qu'il invoque, tout en rapetissant
les proportions, en abaissant la grandeur, par cela même qu'il la
rapproche de sa nature terrestre ; il conçoit pour lui un amour plus

vif, se le représentant plus semblable aux objets qu'il aime, moins éloigné de ses passions et de ses misères, il est plus entraîné à le prier, à le chérir ; la Divinité insondable, infinie, ne parle pas à notre imagination qui ne saurait la comprendre, et voilà pourquoi un Dieu Humain a toujours fini dans le culte populaire par usurper la place de l'Être Suprême.

Agnus dei.   Agni, la Lumière Divine, Fils du Dieu Unique des Aryas ; Agnus Dei, la Vraie Lumière, synonyme de Jesus, Fils du Dieu Unique des Chrétiens, quel rapprochement divin ! et comme il est évident que Dieu a voulu, pour notre édification et notre salut, perpétuer les souvenirs de sa bonté et de sa protection célestes ! Aussi cette grâce ineffable ne fût-elle pas oubliée, et la foi et les louanges se perpétuèrent également :

« Agni naît d'abord dans vos maisons — disent les Chantres « Védiques ; — il naît au sein du ciel qui devient son berceau ; « il naît au centre même du nuage, n'ayant alors ni pieds ni tête, « cachant tous ses membres et se mêlant à la vapeur noire. »

« Bergers, levez-vous, — disent les Chantres Chrétiens, — un « Enfant vient de naître; ô terre, vois cet humble enfant qui « repose sous le toit du pauvre ; sous ces langes méprisables « sa Royauté demeure voilée. »

« Agni — dit le Chantre Védique, — se tient sur la terre qui « est sa mère, il se place au sommet du ciel. »

« Le ciel dit le Chantre Chrétien, — nous découvre ce qui est. »

C'est ainsi que les vieux Cantiques des Aryas se trouvent rajeunis par les Hymnes et les Proses des Chantres Chrétiens.

Trinité méta-physique.   Chez les Aryas se trouve l'idée du Dieu Unique ; chez eux se rencontre aussi la conception de la Trinité Physique et Méthaphysique.

Paramatma, Pouroucha et Pradbana sont la déduction de l'Idée Surnaturelle.

PARAMATMA est l'Ame Supérieure. Ce nom a d'abord la signification de création, autorité et bonheur perpétuels, *ma* création, *mat* bonheur, autorité et puissance, *para* parfait et perpétuel ; — puis il exprime l'idée généreuse de l'union, *ma* idée, *mat* bonne, utile, nécessaire, *para* joindre, accoupler, unir :

Unir qui ? POUROUCHA et PRADHANA ;

Qu'est-ce que Pouroucha? — Le plus fort du dessus (des Cieux) *a* du, *wch* dessus, *pwr* le plus fort.

Et Pradhana ? — La plus belle du dessous (de la Terre) *a* du, *dhan* dessous , *pra* la plus belle.

Pouroucha ? — Le premier homme, *a* de, *wch* la race humaine, *pwr* le premier.

Pradhana ? — La cause première de l'amour , c'est-à-dire la première femme , *a* de , *dhan* l'amour , *pra* origine , cause première.

Pouroucha ? — La semence des nations, *a* des, *wch* familles, nations , *pwr* la semence.

Pradhana ? — Le germe de l'œuf, *a* de, *dhan* la vie, la fécondité , l'œuf , *pra* le germe.

Paramatma leur répartira-t-il une même force, une égale puissance ? l'un et l'autre que seront-ils dans cet univers soumis à son autorité ?

Pouroucha — fort, vaillant — et méchant, *a* parmi, *wch* l'espèce humaine , *pwr* brave , hardi , fort , méchant et pervers.

Et Pradhana — faible , timide , douce et agréable , *a* parmi , *dhan* le monde , la multitude , l'espèce humaine , *pra* faible , peureuse , timide , bonne , belle et agréable.

Agni. dans le Rig-Veda, reçoit quelquefois le titre de DHATRI, c'est-à-dire de — représentant de Dieu, *ri* en place d'un autre, *dhat* père, chef, qui commande. — Plein de puissantes qualités, *ri* plusieurs et puissantes, *dhat* qualités.

L'auteur de la création a aussi l'épithète de SAVITRI qui est la Vie Circulante entretenue par la chaleur vivifiante du Soleil ; et *Savitri* signifie : — qui est toujours en création, toujours vif et bouillant, *tri* toujours, *i* en, *sav* création ; *tri* toujours, *i* en, *sav* chaleur, ébullition, — et toujours le plus élevé, *tri* toujours, *savi* le plus élevé, *savi* en persan le dessus.

Quelquefois le nom de WICHNOU est donné au Dieu suprême créateur, c'est alors — l'œil de Dieu, la Providence , *nw* Dieu, divin, *wich* œil, regard. — La lumière bienfaisante, *nw* bonne, bienfaisante, *wich* lumière, — et la personnification de la Voûte Céleste ou Firmament, *nou* profondeur, *wich* lumineuse.

La Trinité physique des Aryas était formée d'AGNI, de VAYOU et de SOURIA :

Trinité physique.

Agni nous le connaissons, c'est le représentant de Dieu sur la terre.

Vayou, c'est le souffle universel, l'air, *w* universel, *vay* air, souffle, — en cette qualité c'est aussi le Dieu des vents, *w* beaucoup, quantité, en haut, en bas, de tous côtés, *vay* air, souffle, vent, bouche, ouverture.

Et Sourya était considéré comme — le foyer de la lumière, *ya* cause, source, receptacle, foyer, *sour* lumière, — et comme l'affirmation du mouvement circulaire, *ia* affirmation, *swr* mouvement circulaire; *ia* la lumière, *swr* qui tourne, qui monte; *ia* comme, *swr* la terre, et il est assez curieux d'observer que ce mot *swr* qui est plus ancien que Galilée signifie à la fois : Terre et qui tourne.

Cette Trinité se composait donc :

Du Ciel où est le foyer du Soleil ou Sourya ;

De l'Air, la patrie de Vayou ou du Vent ;

Et de la Terre où Agni avait pris sa naissance.

C'étaient les Trois Devas, les plus puissants auxiliaires d'Indra, les trois devas dont était formée la grande âme, Mahanatma, et ce nom signifie l'Idée Supérieure, la vraie nourricière, *ma* idée, *at* supérieure, *an* la vraie, *mah* nourriture et nourrice.

Selon ses phases et ses effets, le Soleil était encore personnifié dans les noms de Bhaga, Pouchan, Mitra, Aryaman et Varouna.

Bagha est le Soleil bienfaisant qui apporte l'abondance ; — *a* très, *bagh* généreux, fécondant, heureux, bienfaisant; — *a* pour, *bagh* les champs, les campagnes, les troupeaux, de là *bagad* troupe, troupeaux, et *baga* nourrir, donner la nourriture.

Mitra est le type de la douceur, de la bonté, de l'Amour, *ra* qui est, *mit* doux, bon, aimant.

Pouchan est celui — qui ramène l'été, les temps chauds; *an* l'été, la chaleur, *pwch* vouloir, désirer, souhaiter, — qui combat et fait disparaître les nuages et les brouillards, *chan* qui perce, qui combat, qui chasse, *pw* les brouillards, les nuages, les ténèbres.

Aryaman est la lumière du Sacrifice et alors il était considéré tout à la fois comme — destructeur et bienfaisant, *an* bonheur, nourriture, bienfaisance, *am* en quantité, multiplicité, *y* dans, *ar* le feu, sacrifice, — *an* chaleur, *am* cause, motif, *y* toute sorte, *ar* malheur, désastre, destruction. — Sa place est sur la terre, *aman* demeure, *y* sur, *ar* la terre, — au-dessus de l'autel du sacrifice, *aman* résidence, *y* au-dessus, *ar* autel, de là le latin *ara* autel.

Varouna personnific le Firmament quand le soleil en a disparu ;
identifié avec la Lune, c'était la lumière ténébreuse qui préparait
la voie céleste, précurseur du soleil : *a* dans, *wn* les ténèbres, l'obscurité, la nuit, *war* qui brille — comme Astre du royaume des
Ténèbres c'était nécessairement un mauvais Génie, et il marque
la crainte et les sortiléges ; *a* avec, *oun*, *wn* crainte, terreur,
de là le breton *ounicq* timide, *var* maladie causée par maléfice,
sort, sortilége. L'Arya le suppliait de ne point l'égarer dans sa
route, d'éloigner de lui la terrible NIRRITI, *nirriti* l'origine, la cause
des douleurs et des maladies, *i* cause, origine, source, *rit* quantité,
nir misères, douleurs, maladies, souffrances, larmes, deuil ; —
car Varouna était supposé surveiller et connaître les méchantes
actions, tous les mauvais coups qui se complotent dans l'Ombre.

Ces divers noms du Soleil personnifiant ses effets bienfaisants,
comme Sourya, Savitri, Bhaga, Pouchan et Mitra, étaient eux-
mêmes déifiés sous le nom générique d'ADITYAS qui veut dire : été
avec abondante moisson ; *as* chaleur, été, *y* avec, *it* moisson, *ad*
abondante en quantité et qualité ; — puis comme personnification collective : Sages bien disposés ; *yas* dispos, sains, bien
disposés, *adit* sages, sçavants, intelligents, de là en basque *aditua*
entendement, et *aditza* pensée.

La Nature entière également personnifiée par les Aryas avait
reçu le nom d'ADITI, c'est-à-dire lieu de semence et de production ;
i lieu, surface, *it* récolte, moisson, production, *ad* semence.

L'ensemble des grands dieux, ou Émanations du Dieu suprême,
du Ciel et de la Lumière, était appelé VICVADEVAS qui signifie : la
réunion des Clartés Célestes, *as* clartés, *dev* célestes, *va* grand, *vic*
réunion, ensemble.

L'Acte religieux le plus important chez les Aryas était le Saint-
Sacrifice avec la libation ; c'était à quoi se réduisait à peu près
le Culte de ce peuple primitif. L'Institution du Saint-Sacrifice
date dans la religion de nos aïeux de la découverte que fît Manou
du feu obtenu par le frottement du bois, par le frottement des
deux Arani. Ce feu fût personnifié sous le nom d'Agni, et dès
lors Agni fut le Grand Pontife, le premier Sacrificateur, le Prêtre
immortel surveillant des Saintes cérémonies ; — « Tu es dans
« nos hameaux — disent les chantres du culte d'Agni, — un
« prêtre que Manou a constitué pour nos sacrifices ; que dans

Le Saint-
Sacrifice.

« ces jours qui appartiennent aux enfants de Manou, apparaisse
« sur le foyer Agni Sacrificateur, prêtre éclairé, messager porteur
« de l'Holocauste. Ils l'ont établi pour être le Sacrificateur, sage

Les sept Flammes.

« et perpétuel, le Pontife aux Sept Rayons, aimable, éclatant
« et pur. Sacrificateur et Messager des Dieux, il est placé entre
« le ciel et la terre, et Sage il monte vers les régions supérieures. »

Le Rig-Veda abonde en hymnes adressés à Agni dont on célèbre
les Sept Flammes ou les sept rayons, l'éclat, les qualités, la
Force. — « Enfant de la force » — est une épithète qu'on aime
à donner à Agni. — « Il a consolidé le ciel et la terre — dit le
« chantre des Aryas — ô, Agni — s'écrie-t-il encore, — à peine
« es-tu né, que Maître des Mondes, tu les parcours, comme le
« Pasteur visite ses troupeaux ; ô divin maître des Nations, nous
« t'invoquons par nos vœux, Dieu brillant et fort. »

Rasni.

Les Sept Rayons ou Sept Lumières, qui seront plus tard les
Sept Douleurs, sont appelées Rasni, et *rasni* signifie — lumière,
action du frottement, *ni* lumière, *ras* action du frottement, —
action de louanger la lumière, *ni* lumière, *ras* action de monter,
élever, et élever par des louanges, — action de Sacrifier, de couper,
presser et tuer sans mauvaise intention, *ni* en réitérant, *ras*
action de presser, comprimer, tuer, sacrifier, *ni* sans, *ras* méchanceté.

Agni personnifié.

Agni usurpant le premier rang devient la Divinité Principale
du culte de l'Arya. — « Dieu universel, immense, infatigable —
« disent encore les chantres des Vedas, — il tient tous les biens
« dans sa main droite. — Immortel Agni, c'est toi que les mortels
« invoquent le premier dans leurs prières, — Agni est le chef des
« troupes divines, — ô Agni qui possède tout, tu es Fort de la
« force, tu es Puissant de la puissance, tu es Sage de la sagesse,
« maître incomparable, tu es riche de ces richesses qui embel-
« lissent le ciel et la terre, — ô Agni quand tu nais tu es Varouna,
« quand tu t'allumes tu es Mitra, enfant de la force tous les Dieux
« sont à toi; tu es Indra pour le mortel qui te sert, tu es Aryaman
« chargé de la Svadha, (l'offrande personnifiée.) Tu portes l'of-
« frande mystérieuse des jeunes libations; tu es Roudra et à ta
« brillante naissance les Marouts font éclater leurs clameurs. »

C'est ainsi que les hymnes vediques et les prêtres Aryas personnifient et déifient Agni, le feu obtenu par le frottement du bois ;

ils personnifient aussi les formes de la flamme Apris. Ils iront plus loin, ils donneront une Ame et une vie propre à tout ce qui servira à allumer, à entretenir le Feu Sacré, à toutes les phases et à toutes les parties du sacrifice; ils s'adresseront aux portes de l'enceinte qui environne l'autel, aux poteaux dont elle est formée, au bois que la flamme consume comme à autant d'Êtres raisonnables; on voit l'importance de cet acte religieux dans le Culte de nos Aïeux; et ce n'est pas tout encore : l'Hostie du Sacrifice, le Vin ou Libation du Sacrifice, le Sacrifice même dans tous ses détails, dans ses circonstances les plus minutieuses, le Sacrifié et le Sacrificateur s'élèveront par degrés au rang d'une Divinité de premier ordre et se confondront finalement avec Agni lui-même.

Hostie.

A-pris signifie : — la puissance, la vertu, la chasteté, la louange, l'estime, la considération, les rameaux, les branches, les rayons, la flamme ; — et *a-pris* marque aussi que cette flamme sort d'un lieu où elle était comme emprisonnée, *a* sortie, *pris* prison, lieu sans air ni clarté.

Nous avons rapporté précédemment toutes les qualités du Wed sacré, de l'Arbre appelé Palmier qui produit tout à la fois le beurre, le sucre, le vin et la farine, la variété de ses usages, ses diverses transformations, et nous avons donné l'explication des mots Sarcostemma Viminalis.

De tout temps les hommes ont sacrifié à la Divinité, qui d'après tous les textes sacrés semblerait même avoir ordonné aux hommes les Offrandes et les Holocaustes ; ce peuple ne pouvait offrir à Dieu que ce qu'il possédait, et alors le Rig-Veda décrit ainsi l'acte religieux du saint sacrifice :

Placé sur le Varhis, — et Varhis signifie le pâturage le plus renommé, *his* qui est en réputation, *var* pâturages, herbes et feuillages. — Cousa c'est-à-dire au milieu des forêts, *sa* dans, au milieu, *cou* bois, forêt. — Darbha c'est-à-dire autour d'un feu pétillant, *bha* à l'entour, *dar* feu vif, feu pétillant, — Le Père de famille guidé par le Prêtre répand dans le creux d'une Pierre — synonyme de Table et d'Autel, — la Libation du beurre fondu et le Jus ou Soma (nous donnerons plus loin l'explication de Soma) qu'il a retiré ; il invite les Dieux à venir s'y désaltérer. — « Ap- « proche de notre sacrifice — dit un chantre vedique à Indra, — « tu aimes les libations, bois celle que nous t'offrons — ou s'adres-

Soma.

« sant au Dieu du Feu : — Agni avec tous les Dieux, bois de
« notre doux Soma ; — ailleurs il s'écrie : Indra et Vayou, c'est
« pour vous que sont ces libations, venez prendre les mets que
« nous vous offrons, voici des boissons qui vous attendent. »

Libation.   Puis le Sacrifice devint plus compliqué, la libation moins simple,
on versa le jus jaunâtre du Soma sur un filtre de laine ou sur
une peau de vache trouée, on l'arrosa d'eau, et l'on portait la
liqueur ainsi filtrée dans le vase appelé SAMOUDRA (nous rendrons
compte aussi de la signification de ce mot) là on le mêlait avec
l'orge, avec le beurre clarifié, puis on laissait fermenter ; il se
formait alors un esprit puissant que l'on puisait avec une longue

Communion.   cuiller de bois pour le verser en libation sur le foyer ou le
répandre dans des coupes auxquelles buvaient les assistants.

L'imagination de l'Arya, exaltée par la vue du Sacrifice, donnait
la personnalité et la vie à tous les objets qui l'entouraient, à tout
ce qui était placé sous sa main, il se les représentait comme autant
d'Êtres animés, de compagnons de ses pieuses occupations, de
ministres des rites, de gardiens, d'amis. La libation était ainsi
divinisée non-seulement en elle-même, mais dans tous ses éléments
et ses parties ; ce n'était pas seulement les Apris qui recevaient
une sorte d'investiture divine, c'étaient les Portes et les Poteaux
de l'enceinte sacrée, le Vanaspati (Pilon), l'Outookhala (mortier
servant à broyer le Soma), la Djouhou (cuiller) qui distribuait entre
les assistants ou répandait sur le feu la liqueur sainte, le Bois qui
alimentait la flamme, les trois genres de libations, Adjya (le
beurre), Ochradr (l'orge) et par-dessus tout le Soma. Enfin la personnification s'étendait jusqu'aux Angouli, doigts du Sacrificateur
qui présentait l'Offrande, personnifiée à son tour sous le nom
de SVADHA.

Dans le second des livres sacrés de l'Inde et dans les hymnes
qui lui sont spécialement adressés, le Soma est invoqué comme le
Prince immortel du Sacrifice, comme le précepteur des hommes,
le maître des Saints, comme l'ami des Dieux et l'exterminateur
des méchants, Divinité de la libation que la flamme consume, il
prend place à côté d'Agni, il partage ses offrandes et ses invocations, et par la suite Soma effaça à peu près Agni dans le culte
des Aryas, et, destiné orignairement à honorer la grandeur et
à assurer l'appui d'Indra, le Jus-Dieu Sacré devint sous le nom

de Pavamana, le Tout-Puissant. Il fût désormais celui qui a enfanté la Lumière, grande, juste et pure, le Soutien du Ciel et de la Terre, celui qui, brillant comme le Soleil, aperçoit Tout, et il apparaît comme le créateur de toutes choses présentes, passées et futures, comme le Père de l'intelligence, comme Celui qui fait lever le Soleil, qui a produit le Ciel, l'Air et les Astres.

C'est ainsi que le Dieu invisible fût presque remplacé par Agni, **Médiateur.**
Divinité plus matérielle, plus humaine, Médiateur entre l'Homme et Dieu, qu'Agni à son tour s'incarna dans la libation même, dans l'offrande qui lui était offerte et qu'il consacrait ; que cette libation devint son image, que l'Arya en avalant le soma s'imagina faire passer dans son âme les vertus possédées par Agni, et que bientôt cette libation, cette offrande honorée à l'égal d'Agni, fût confondue avec Lui, en offrit l'Image sensible et la Manifestation permanente ; Soma donne la vie, la santé, la protection et conduit à l'Immortalité ; la libation accomplie par l'Arya est regardée comme l'Emblème, comme la reproduction du Sacrifice de Dieu. Soma, devenu un Être humain qui a donné sa vie pour le Salut du monde parce que l'Arbre qui produit le jus se laisse briser les membres, voit son sacrifice renouvelé tous les jours par le sacrificateur, et le Sacrifice s'offre ainsi comme l'Image de la Passion de Soma et a les mêmes **Passion.**
vertus que son Martyre même, et alors — dit le Veda, — Le Jeune Dieu dont les eaux lavent d'abord les souillures terrestres qui se précipitent au fond du Samoudra, l'océan du sacrifice, y revêt une robe blanche et pure, en sort fort et brillant, traverse l'air avec bruit, devient l'Epoux de la Flamme sacrée et expire au sein d'Aditi ; mais le foyer sacré n'est pas pour lui un tombeau, c'est un berceau d'où il renaît pour s'élancer, environné de vapeurs lumineuses et porté sur l'aile du Matarisvan (le vent) soit dans l'atmosphère, soit dans le ciel, ce n'est plus alors le Soma terrestre, c'est le Soma céleste, c'est Agni Tvachtri, c'est Agni **Trans-**
Sourya ; avant de se transfigurer, il a, au milieu des chants et des **figuration.**
prières, répandu sur le Monde son énivrante ambroisie, Soma est devenu la Chair du Sacrifice ; à son banquet sacré ont été également conviés les Dieux et les Hommes. Dans cette participation commune à de mystérieuses nourritures tous ont trouvé la vigueur et le plaisir. Puis, dans le Veda, le chantre des Aryas nous montre aussi le maître, le protecteur de la prière qu'il appelle Brahma-

NASPATI invoqué à son tour comme le Médiateur entre le Sacrificateur et les Dieux, comme celui qui rend ces derniers favorables;

Ascension. il devient Divinité puissante et révérée, et de même que Soma,
prenant part aux miracles qu'il opère, il s'asseoit aux côtés du
Dieu le Père.

Brahmanaspati est l'expression du mélange de ce qui compose
l'offrande du sacrifice ; *i* mélange, réunion, *pat* branches d'arbres
et écorce, *as* jus, sève, liqueur, *man* manne, *brah* orge préparée
pour la liqueur.

Matarisvan est la personnification du vent, mais aussi exprime
l'Ascension du Médiateur ; *isvan* le messager, l'intermédiaire et le
coureur, de là *yswain* en gallois écuyer, *matar* qui vole, qui s'en-
vole, qui perce la nue, de là *matara* espèce de javelot des Gaulois,
d'après César.

Tvachtri est le reflet de la Vertu céleste, de la Morale divine,
tri miroir, reflet, *ach* lumière, vertu, force, vigueur, morale,
âme, *tv* divine, parfaite, céleste, — et c'est en même temps
l'expression de la Trinité, *tri* trois, *ach* parents, père et fils,
ach en hébreu, en chaldéen, en arabe, parents, cousin, frère,
tu unis et indivisibles.

Svadha est ce qui vivifie la Liqueur et le Sang, *ha* qui presse,
qui vivifie, qui anime, *swad* sang et liqueur, et au figuré ce mot
employé comme offrande signifie le sacrifice du doute et de la
négation, *ha* le doute, *swad* la négation ; le Sacrifice du doute et de
la négation devient par cela même le Dogme de la Foi.

Angouli est le Sacrificateur, celui qui verse la liqueur du sacrifice, *li* liqueur, *anghwl* celui qui verse, qui répand ; *i* du, *anghwl*
sacrifice.

Ochradr c'est l'Orge, *adr* nutritif, aliment, *ochr* à bords pointus.

Adjya est le Beurre, *jya* lait, *ad* épais, épaissi.

Djouhou est la longue cuiller sacrée, *hou* la cuiller, *djou* longue
et sacrée.

Outookhala est l'action d'entasser, d'empiler les uns sur les
autres et de broyer des baies et branches d'arbres, *a* de, *hal*
baies, tiges, branches d'arbres, rameaux *ok*, extrémités et eau,
outo action d'entasser, d'empiler, de presser, broyer, etc.

Vanaspati est l'action de piler dans un vase des extrémités de
branches d'arbres, avec de l'eau, du jus, etc.; *i* dans, *pat*

vase, *i* des, *pat* extrémités, rameaux d'arbres, *as* eau, jus, liqueur, *van* action de piler, de presser, comprimer, etc.

Pavamana exprime la manne, en même temps que la science et la puissance du créateur; *mana* la manne, la science, la puissance, *mana* en basque l'art, l'adresse, *a* du, *pav* père, créateur.

Samoudra exprime d'abord la matière dans le vase; *dra* la chose, la matière, *w* dans, *sam* le vase, le bassin, — explique que cette matière est du jus, du beurre, etc., *dra* graisse, jus, beurre, branches, rameaux, *y* dans, *sam* le vase, le bassin; — et indique aussi que ce bassin, ce vase sert à la science, à la magie, *dra* feu, lumière, science, adresse, puissance, force, magie; de là en irlandais *draoi* druide, sage et magicien, *w* dans, *sam* vase et bassin.

Soma signifie tout d'abord la séve elle-même, *a* liqueur, séve, *som* qui s'écoule lentement, c'est pourquoi la Somme, rivière lente de Picardie porta le nom de *Soma*, c'est pourquoi aussi dans la Finlande une Ile marécageuse et couverte d'eau porte le nom de *Soma*. — *Soma* indique ensuite un mélange de liqueurs, *a* liqueur et eau, *som* mélange. — *Soma* marque de plus l'origine de la mémoire, de l'esprit, etc.; *a* source, origine, *som* mémoire, esprit, intelligence, interprétation; de là *soma* en basque science, prudence, habileté, capacité, fluidité, puissance, — et *Soma* explique que cet esprit s'étend sur tout, *som-a* universel, général, parfait, accompli, achevé.

Soma veut dire aussi : Je suis la manne, la nourriture, l'aliment et la liqueur, *ma* manne, rosée, liqueur, farine, froment, aliment, *so* je suis.

On le nommait également Haoma, c'est-à-dire aliment bienfaisant, *ma* aliment, manne, etc., *hao* bon, bienfaisant.

Et le Palmier étant l'Arbre qui, dans la pousse de ses feuilles et de ses fruits, est le plus soumis aux influences de la lune, Soma a exprimé la Lune elle-même dans la mythologie Indienne.

Poa cynosuroides sont deux mots figurant dans le récit du Rig-Veda au sujet du Saint Sacrifice.

Ils signifient que la science, la morale, la vertu sont les marques, les preuves infaillibles des prémices du Sacrifice, *es* lumière, science, force, vertu, morale, fermeté, intelligence, etc.; *oid, wid* signe, marque, preuve, *sur* certain, infaillible, *o* des, *cyn* prémices; *a* de, *po* arbre, feu, liqueur et bassin.

Et ils expriment aussi que le nouveau Soleil qui s'avance à l'équinoxe du Printemps est infailliblement comme l'ancien, *oides, wides* équinoxe, *es* lumière, *oid, wid* prompt, dispos, vigoureux, qui s'élance, qui s'avance, qui s'ébranle, qui se secoue, *sur* certainement, assurément, *o* comme, *cyn* l'ancien, le premier.

Et, en Vérité, nous vous le disons :

Quand, chez ce Peuple de Pasteurs, dans le Rig-Veda écrit plus de douze siècles avant Jesus-Christ, nous lisons ce récit du Saint Sacrifice — de la MESSE, ajouterons-nous — car il s'accomplissait sur l'herbe, dans les forêts, et *mess* signifie : herbes, pâturages et bois ; de là *messa* en breton garder les bêtes aux pâturages.

Quand, en faisant un rapprochement divin, nous voyons par ce Sacrifice primitivement destiné à la grandeur du Dieu invisible, Agni, l'Agnus Dei des Aryas, Médiateur entre Dieu et les Hommes, devenir lui-même le Tout-Puissant, puis le Sacrifice être à son tour honoré à l'égal d'Agni en se confondant avec lui dont l'Hostie offre une Image permanente, puis le Prêtre ordonnateur de la prière devenir aussi sacré que le Sacrifié devenu Sacrificateur.

Quand nous voyons les Pasteurs Aryas et leurs Sages ou Mages, venir adorer Agni à son berceau, s'approcher de l'autel ou Sainte Table et avaler en Communion les deux Espèces du Pain et du Vin provenant du mélange de l'Orge et de la Liqueur de l'Arbre d'où découlait la Soma, offrande ou hostie bue et mangée par les Communiants qui croyaient ainsi faire passer dans leur Ame les Vertus d'Agni.

Quand nous voyons Agni ne faisant qu'Un avec l'Hostie du Soma, devenir un Être Humain en même temps qu'il est Dieu, et le Baptême ou immersion, laver ou effacer les souillures terrestres ; que nous le voyons faire des Miracles, guérir et rendre immortel ou ressusciter, puis donner sa vie pour le Salut du Monde ; que nous voyons sa Passion et son Martyre ; que nous le voyons revêtir une robe blanche, devenir l'Époux de la Flamme Sacrée, s'élancer dans le Ciel, se Transfigurer au milieu des chants et des prières, devenir la Chair du Sacrifice et s'asseoir aux côtés du Dieu Invisible.

Nous nous inclinons devant les volontés immuables de la Providence ; là est le doigt de Dieu qui a indiqué que tout ce qui porte un caractère divin doit être impérissable comme Lui ; Dieu sait que toutes nos prières sont à sa louange et nos offrandes pour sa plus grande gloire; et il a voulu que sauf le progrès qu'il permet, et sauf la différence des lieux, nous puissions à trois mille ans de distance reconnaître ici le Culte Sacré de nos premiers ayeux les Indiens.

La succession de la lumière et des ténèbres, soit qu'elle fût l'effet de l'apparition et de la disparition alternative du soleil, soit qu'elle résultât de l'obscurité passagère dont les nuages et les tempêtes voilent les cieux, a été un phénomène dont l'imagination des peuples fût toujours frappée, et pour toutes les populations primitives les Ténèbres furent l'Image de la Mort ; l'Arya se représentait les nuées épaisses qui portent souvent l'orage dans leur flanc, comme des Êtres méchants, des Esprits malfaisants, s'efforçant d'éteindre la lumière du jour, comme des agents de mort et de Destruction, par lesquels la Nature est mise en péril et qu'Indra avait incessamment à combattre. Quand les vents de leur souffle bienfaisant chassent du firmament le nuage funeste, quand le Soleil précédé de l'aurore dissipe l'obscurité, l'Arya voit là un combat suivi d'une victoire ; c'est l'image toute naturelle de la lutte du Bien et du Mal, et comme dit le Prêtre Chrétien à l'office de Pâques : « il s'est livré un combat entre la mort et la Vie. »

Source des superstitions.

Les ténèbres et les nuages fûrent l'origine du mythe des Asouras; les éclairs qui sillonnent la nue sont les Daityas. La sécheresse qu'enfante le souffle embrasé qui s'élève parfois dans le flanc de la nue est Couchna. Tous ces esprits malfaisants et pervers sont encore personnifiés sous le nom de Dasyous et de Sanacas. A leur tête est Vritra, l'enveloppe que forme le nuage, l'obscurité par excellence ; et au-dessous d'eux subordonnés à leur pouvoir sont les Rakchasas et les Bhoutas, génies méchants dont la peur peuple les nuits et que l'Arya confond avec tout ce qu'il déteste ou tout ce qu'il craint, avec les impies, les méchants, les brigands, les maladies et les maux physiques, etc. « Cakra — dit le chantre « védique, — détruit ces Rakchasas, de même que la hache fend « le bois, que le marteau brise les vases de terre, donne la mort « à ces mauvais esprits qui prennent la forme de chouettes, de « chats-huans, de chiens, de loups, d'oiseaux, de vautours. O « Indra, frappe le Rakchasa comme avec une pierre. — Que le « Rakchasa nous épargne. — Éloigne ces Êtres malfaisants qui,

« cruels et vagabonds, ont des figures d'hommes et de femmes. »
— Et un des hymnes védiques nous montre Indra frappant de ses
flèches, Ahi le nuage-serpent et la chûte des ondes foudroyées
par l'éclair. Cette défaite de la nue qui semblait menacer les

Serpent et Dragon.

cieux, c'est celle du Serpent, du grand Dragon *Ahi*, l'enfant
des eaux, assis, comme dit le poète védique, dans les airs à la
source des fleuves. C'est la lutte du Dieu et du Serpent, de la
Lumière et des Ténèbres.

Ce sont ces images poétiques des chantres védiques qui donnèrent naissance aux Charmes des Magiciens, aux Loups-Garous,
Farfadets, Gobelins, etc., dont nous parlerons plus loin.

Anges.

Dans sa lutte contre Vritra, disent les chantres Védiques, à la
suite d'Indra, se placent ses auxiliaires les Marouts nés de Prisni
et venant du lieu où siége Rita. « Dieux rapides, — disent-ils, —
« vous portez de belles armes et de magnifiques ornements, vos
« corps sont brillants de parures : » — et ailleurs — « dans leurs
« mains brillent des cimeterres, des arcs. » — Les Anges des Hébreux avaient avec ces Marouts une analogie frappante ; ils sont
représentés de même qu'eux, comme de beaux jeunes gens, ils
portent des armes, ils volent dans les airs à la suite du Tout-Puissant et ont des ailes comme les Marouts, et dans certains cas ils
semblent être, de même que les Marouts, les Génies des vents,
ainsi que le montrent les paroles du Psalmiste : « vous qui rendez
« vos Anges aussi prompts que les vents et vos ministres aussi
« ardents que la flamme. »

Et les Anges Chrétiens ont aussi la plus parfaite ressemblance
avec les Marouts ; comme Eux, surtout au moyen-âge, ce sont de
jeunes et beaux guerriers couverts d'une armure éclatante, la
lance au poing ou l'épée à la main, frappant les démons et les
ennemis de Dieu.

Marout est le vent rapide et léger, *out* soudain, subtil, prompt,
rapide, *mar* vent. — *Marout* coup de vent ; — et l'action
de repousser les nuages, *out* action de pousser, de repousser,
chasser, *mar* eau, voile, nuage.

Prisni est l'atmosphère, *ni* surface, *pris* voilée ; *ni* dans et sans,
pris nuages.

Rita est le grand courant, *a* le superlatif, *rit* courant.

Rakchasas c'est l'orage et la pluie torrentielle ; *as* lumières, éclairs, *rakchas* qui interceptent la vue, orage; de là le vieux français *ragas* orage, pluie véhémente, eau torrentielle.

Bouthas c'est la pluie froide et abondante; *as* eau, pluie, *bouth* froide et abondante, ondée, eau à flots.

Dasyous c'est ce qui s'amoncèle contre le soleil, la foudre — et lumière contre lumière; — *ous* contre, *y* lumière, soleil, ciel, disque, *das* ce qui est entassé, serré, amoncelé, armes, flèches, foudre; *ous* contre, *sy* lumière, *da* lumière.

Ahi signifie: serpent, dragon, méchant, long, allongé, pointe, dard et flèche. — Il indique aussi sa situation dans l'air et dans l'eau; *i* dans, *ah* eau, source, air, — et marque qu'il est au-dessous du maître; *i* au-dessous, *ah* père, maître.

Vritra c'est la tempête violente; *tra* violente, excessive, *vri* pluie, tourmente, tempête, — et l'obscurité générale, *tra* générale, universelle, *vri* ombre, voile, obscurité.

Sanacas, — la foudre contre le ciel, *as* contre, *ac* ciel, *san* trait, foudre, dard, pointe, — et le combat contre le juste, *cas* haine, querelle, combat, *a* contre, *san* le juste, le vénéré.

Couchna personnifiant la sécheresse indique la croûte qui se forme sur la surface de la terre; *na* d'où il arrive que, *cwch* croûte qui se forme sur la surface de la terre; de là *cochena* en breton couvrir la surface de quelque chose.

Daityas signifie: qui éteint, qui inonde, qui refoule la lumière; *tyas* qui refoule, qui inonde; de là en islandais *tyais* le flux, la marée, *dai* le soleil, la lumière et la divinité; il signifie aussi bruit et défi au combat, assaut contre la demeure du juste; *as* qui pointe, qui mine, *ty* palais, demeure, *da-i* de la divinité, du juste; *tyas* bruit, craquement, *dai* défier au combat.

Et *Asouras* est toute la surface nuageuse et montueuse; *as* surface, *asour* monticule de nuages.

Le Vent ne gardant pas toujours le même caractère, a souvent l'impétuosité d'une bête furieuse, qui renverse tout sur son passage; l'Arya se représenta le Météore sous une forme terrible, il en fit un Dieu, ROUDRA, qui a les tempêtes dans sa main, et qu'il compara pour la foudre à un sanglier.

Roudra signifie: qui est la tempête; *ra* qui est, qui fait, *roud* la tempête, la violence, — il le regardait aussi comme le père des Marouts, et dans ce cas Roudra signifie: qui peut écarter les nuages, éclaircir la route, *ra* qui éclaircit, *roud* route, chemin et nuage.

Les rayons du soleil semblent au déclin du jour, aller s'enfoncer dans quelque souterrain obscur, et la nuit apparaît, aux yeux de l'Arya, comme une caverne dans laquelle ces rayons sont retenus. — Ce sont sans doute, dit le Poéte Védique, des génies malfaisants qui dérobent ces feux bienfaisants, ceux qui semblent avoir voué à la lumière une haine éternelle, les Asouras, les Panis, les fils de Bala ; alors comme les bestiaux composent toute la richesse de l'Arya et qu'il reporte leur nom à tout ce qui fait son bonheur et lui procure un avantage, les feux rougeâtres du soleil couchant il les appelle des Vaches, nom qu'il donne aussi au sacrifice, à la prière, à la terre, aux nuages, à la libation, et dès lors les Asouras ont caché, au fond de leur caverne, les Vaches Célestes qu'ils ont dérobées, Vaches dont Indra est le Pasteur et Maître, — Gopati — dit le poéte védique ; alors la Chienne divine donnée pour compagne à Agni, et qui se nomme Sarama, personnification de la Voix, de la Prière, vag devi, va à la découverte des Vaches que les Asouras ont dérobées et le jour reparaît parce qu'Indra en personne, accompagné des Marouts et des Angiras est venu briser la caverne, et alors, dit le chantre védique, « l'Aurore, *ouchas* comme « une bonne mère de famille, vient pour protéger le Monde, elle « arrive arrêtant le vol du Génie malfaisant de la Nuit ; à l'orient, « le Soleil se lève à la vue de tous ; il tue les ténèbres, il dévore « toutes les noires vapeurs issues des génies Malfaisants. »

Ouchas qui est pour l'Arya, la Fille du Ciel, dont elle ouvre les portes, signifie : Avant-Lumière ; *as* lumière, *as* feu en hébreu, *asa* en hébreu et en chaldéen allumer le feu, *as* en arabe allumer le feu ; *asi* brûlé en patois de lorraine, *ouch* avant, commencement, bord, côté.

Aurore est le commencement de la lumière ; *or-e* le bord, le commencement, *awr* jour, lumière, éclat de la lumière.

Angiras, — le souffle qui sépare, qui divise ; *as* souffle, air, *angir* qui divise, qui sépare, qui contrarie ; de là en gallois *angir* insupportable.

Vagdevi est la prière à Dieu ; *i* envers, *dev* la divinité, *vag* voix, prière.

Sarama personnification de la voix, de la prière, signifie :

Vaches.

l'esprit, l'âme de la parole ; *ma* âme, esprit, *a* de, *sar* la voix, la parole.

Gopati signifie : le Maître ; *i* parmi, *pat* la multitude, *go* élevé, — et indique les rayons du soleil dans les pâturages, *i* dans, *pat* pâturages, *go* rayons du soleil.

Panis exprime la chûte de l'eau et l'éclat de la foudre ; *is* eau, *pan* chûte ; *is* lumière, *pan* éclair ; *is* avec, *pan* éclat.

Bala est la tempête et l'obscurité ; *bala* foudre, tempête, obscurité, *bala* en gallois signifie Loup ; de là l'idée superstitieuse de notre Loup-Garou.

Vache, — nom appliqué par le poéte Arya, aux feux rougeâtres du Soleil couchant, au sacrifice, à la prière, à la terre, aux nuages, à la libation, — a les diverses significations suivantes : *vach* champs, pâturages, terre, allaitement, nourriture, bestiaux ; — *vach* bûcher, sacrifice, — *vach* liqueur, *vach* caverne et bassin, et c'est encore aujourd'hui dans un bassin qu'ils nomment la Bouche de la Vache que les Pèlerins Hindous vont puiser — les Eaux Sacrées du Gange.

Et *Chienne* — donnée pour compagne à Agni — le Dieu du foyer de l'Arya — signifie : l'amic du foyer ; *e* du, *enn* foyer, — en breton il se dit encore du feu que les laboureurs font des mottes de terre qu'ils veulent ensemencer et qui deviennent alors une espèce de foyer, — foyer se dit aussi dans notre langue comme synonyme de demeure, habitation, et *enn* signifie également habitation, demeure, — *chi* compagne, société, amie.

Entre les Planètes, Venus seule porte un nom, c'est OUSANAS ; restant la dernière dans les cieux, elle fût naturellement regardée comme une Divinité qui voulait résister à la puissance d'Indra. *Ousanas* signifie : — Petit Soleil, *anas* soleil, *ous* petit, — et lumière hostile, *as* lumière, *an* habituellement, *ous* hostile.

Dans le Rig-Veda, le Soleil sous le nom de *Savitri* est la manifestation sensible de l'esprit qui anime l'univers, de l'âme du Monde ; Savitri partage alors avec Sourya le caractère de Dieu Créateur, dont est formée la Grande Ame et qui fait partie de la Trinité Védique. Dans ce cas cette partie de la Trinité Védique est symbolisée par un Oiseau : GAROUDA ou TARKCHHA. *Tarkchha* signifie : qui anime le monde, *ha* qui anime, *tarkch* la vie, le monde, — et *Garouda* rapide et cruel comme le temps, *a* comme,

Chienne.

Oiseau sublime.

oud le temps, *gar* rapide, léger et cruel ; *gar* indique de plus, la faux, l'aile et la flèche.

Soucra est le nom aussi parfois donné au Soleil considéré comme naissance de la flamme du sacrifice, en même temps qu'Agni qui reçoit alors le nom d'Ary.

Ary signifie foyer, *ary* en arménien soleil, *arina* en finlandais foyer; de là *aria* en basque agneau, bélier, emblème du Soleil.

Et *Soucra* signifie: foyer ardent; *cra* ardent, *sw* foyer — qui prépare le breuvage, *ra* qui prépare, *swc* le breuvage, la liqueur, — *ra* qui forge, *swc* les coûtres, les charrues.

La Lune Tchandramas n'est mentionnée dans un hymne védique que pour entendre proclamer son impuissance devant les feux divins du ciel.

Tchandramas signifie : — Lumière souvent voilée; *as* lumière, *dram* voile, masque, *tchan* toujours; — Figure tordue à son début ; *as* au commencement, au début, *dram* figure, *tchan* tordue, courbée — et source de nombreux pronostics ; *as* cause, origine, *dram* visions augures, présages, pronostics, *tchan* beaucoup.

Les Prêtres du Culte des Aryas étaient — les Nechtri signifiant : toujours forts et sçavants, *tri* toujours, *nech* forts, sçavants, illustres, probes, intègres, bienveillants, etc.

Les Ribhous ou Ribhavas. — *Ribhous* veut dire : toujours profonds et puissants ; *bhous* puissants, sages, profonds, etc., *ri* toujours, — et *Ribhavas* qui agit toujours sagement, *as* acte, action, *haw* sage, mûr, prudent, *rib* habituellement.

Et les Richis indiquant des hommes vénérables et puissants ; *is* hommes, *rich* puissants, anciens, vénérables, etc.; — et foi robuste, *is* foi, fidélité, *rich* grande, robuste, etc.

Les Nechtri étaient les Prêtres du Sacrifice, les Ribhavas étaient à la fois des Ministres des Autels et des artisans merveilleux qui faisaient servir leur art au culte des dieux ; c'est ainsi qu'ils avaient forgé pour les Acvins un char rapide dont les roues tournaient avec vélocité. Les Richis ont, les premiers, récité et appris aux hommes les invocations qui rendaient les dieux propices; « les Richis, — dit le Rig-Veda — se sont approchés des Dieux « avec des prières composées en mesure. » Un Richi porte aussi, dans le Veda, le nom de Yadjna, c'est-à-dire gardien du sacrifice ; *a* du, *adjn* liqueur préparée, mélange, arbre et vase, *y* gardien —

Prêtres.

et lumière protectrice ; *a* de, *adjn* protection, *y* cause et lumière ; — et le Richi auteur de l'hymne à l'Ame humaine, s'appelle Pradjapati, l'Auteur Divin de la Nature ; *a* de, *pat* le temps, l'espace, la nature, *dja* divin, *pra* germe, créateur. On finit par associer les Prêtres aux Dieux mêmes, et voilà comment ils reçurent aussi le nom de Devas, lumières célestes.

Les Acvins étaient les Dieux cavaliers, divinités en lesquelles se personnifiaient les Feux qui précèdent le jour et les dernières clartés du Crépuscule. La rapidité avec laquelle s'éteignent ces flammes, d'or et de pourpre, qui marquent au couchant la disparition du soleil, a fait comparer les Acvins à des cavaliers, ils fuient le soir et accourent le matin. L'hymne Védique les représente aussi quelquefois montés sur un char ailé, rapide, porté sur cent roues, attelé de six coursiers, il les appelle encore Dasras et Nasatyas.

Acvin signifie : — commencement et extrémité de la lumière ; *win* lumineux, *ac* tête et queue, *win* entrée et cachette, *ac* lumière, — enfants réunis, *win* enfants, *ac* réunion, — actions remarquables ; *win* brillantes, remarquables, *ac* actions, — et vue perçante ; *win* perçante, *ac* vue.

Dasras — intentions secourables ; *ras* course et intentions, *das* avec équité, secourables.

Et *Nasatyas* — messagers du ciel, *tyas* messagers, *a* du, *nas* ciel, — témoins équitables ; *tyas* témoignages, *nasa* très-justes, très-équitables, — et courses dans le ciel, *tyas* courses, passer, *a* dans, *nas* le ciel.

Dans la pensée de l'Arya, celui qui a été fidèle aux Dieux, qui s'est montré grand et généreux, doit goûter au ciel une douce félicité ; « les hommes généreux — dit le Chantre Védique, — « ont une destinée miraculeuse, leurs soleils brillent au ciel, ils « ont part à l'ambroisie et prolongent leur existence ; » — et ces hommes, devenus parfaits, forment après leur mort la classe des Sadyas c'est-à-dire des Sages et des Saints ou Bienheureux ; *as* sagesse, bonheur, félicité, estime et considération, *y* dans, *sad* le cercle, le ciel. {.Saints.}

L'Hindou invoque encore aujourd'hui dans ses prières journalières, comme le faisait l'Arya, les Pitris ou Ancêtres ; le sacrifice aux Ancêtres constitue la partie essentielle du culte {.Commémoration des Morts.}

domestique, et l'Adoration des Pitris se transmet dans une même famille de génération en génération. Ce sacrifice aux Ancêtres ou CRADDHA a pour but de faciliter aux âmes des morts l'accès du ciel et de leur procurer, comme aux Sadyas, la jouissance de l'AMRITA ou Immortalité.

Amrita signifie : qui vit éternellement — dont le plaisir, le bonheur se renouvelle, etc.; *rita* vivant, courant, marchant, *am* toujours; *ta* vie, plaisir, bonheur, joie, etc., *amry* plusieurs fois, renouvellement.

Craddha — c'est le bonheur assuré ; *dha* qui assure, qui appelle, qui garantit, *crad* la grâce, la joie, le bonheur, la félicité, l'amour.

Pitris — c'est l'action de rendre l'existence facile et heureuse ; *ris* action de rendre facile, heureuse, joyeuse, *pit* l'existence; — l'action de délivrer le genre humain ; *ris* action de délivrer, *pit* le monde, — c'est l'idée et l'accomplissement de la résurrection, *ris* action de renouveler, *pit* la vie.

Les châtiments ne sont point annoncés aux méchants dans les premiers hymnes du Veda ; tout Mort qui n'a pas mérité de prendre rang parmi les Dieux, va simplement se réunir à la Grande Aditi et retrouver son père et sa mère; son corps retourne aux éléments, il rentre dans le PANTCHATVAN, mais son Ame immortelle est protégée par Agni qui lui forme un corps subtil, la place sur une espèce de charriot à l'aide duquel elle s'élève dans les cieux. La partie de notre être qui va se fondre dans le sein de la nature, c'est l'esprit de Dieu, DJIVATMA, lequel s'absorbe dans l'Ame Suprême Paramatma.

Nous avons donné précédemment l'explication de Paramatma.

Djivatma indique l'Esprit sans bornes et bienfaisant de Dieu ; *ma* idée, esprit, *vat* étendu, bienfaisant, *dji* de Dieu.

Pantchatvan est la Petite Vallée, le Lieu Saint d'expiation ; *chatvan* lieu saint, lieu d'expiation, *pant* petite vallée, lieu bas.

YAMA personnification du grand receptacle des morts, est le gardien des cadavres dont le feu sous le nom de MRITYOU consume les chairs ; c'est aussi un Agni nocturne, l'Agni mort dans le sacrifice et endormi dans l'Arani où il doit renaître. « Éloigne — « dit le Chantre Védique — cet Agni qui mange la chair ; qu'il « aille dans l'Empire d'Yama, emportant avec lui le péché. »

Yama signifie : gardien des méchants ; *a* de , *am* rebelles , méchants , *y* œil , gardien , surveillant.

Mrityou est — le feu ardent : *you* feu, *mrit* ardent — mais le feu qui laisse encore une certaine forme ; *you* qui conserve, *mrit* une certaine forme, une certaine apparence, une représentation à l'esprit.

Les hymnes laissés par les Patriarches, les plus anciens Chefs de tribu, qui étaient les Prêtres aux premiers âges religieux de la société Aryenne , furent des souvenirs de ces premiers âges, considérés comme révélations, et la transmission de ces chants devint une partie nécessaire du culte ; Cantiques et Rites fûrent légués en même temps d'une génération à l'autre, et se conservèrent dans leur intégrité ; la Parole articulée par l'Arya dans les prières devient pour lui un Être personnel, elle s'incarne à son tour sous le nom de SARASVATI; c'est la parole déifiée, VAGDEVATA qui est accompagnée dans le Sacrifice par deux autres Déesses du même ordre , ILA la parole poétique et BHARATI l'action déclamatoire; et les Prières adressées aux Dieux sont transformées en Épouses de Ceux-ci ; — c'est ainsi qu'aujourd'hui encore, dans le Cantique des Cantiques, la Prière prend les traits de l'Épouse du Seigneur ; d'autres fois, c'est le mètre sacré, c'est la louange, la GAYATRI qui est représentée comme un Oiseau Sublime qui porte au ciel la prière de l'Arya.

Prières.

Bharati veut dire : — verve et enthousiasme dans le sacrifice ; *i* dans , *at* sacrifice , libation , *bhar* verve , enthousiasme.

Yla signifie : — parole brillante et harmonieuse ; *la* voix, parole, *y* abondante , harmonieuse.

Vagdevata exprime la prière dans le saint-sacrifice , *a* dans , *at* sacrifice , *dev* saint , divin , *vag* prière.

Sarasvati est la parole qui entre dans la science et s'y fortifie ; *i* dans, *vat* science, connaissance, *saras* parole, entrée, fortifiée.

Et *Gayatri* indique le génie sacré, la doctrine lumineuse ; *atri* génie, doctrine, enseignement, érudition, science, *gay* lumineuse, sacrée, complète et habile ; — c'est aussi le professeur sacré et lumineux, *atri*, *athri* professeur, maître, *gay* sacré, lumineux, adroit.

L'Arya demande à Indra et à Agni de longs et d'heureux jours, des troupeaux abondants, une nombreuse génération, le succès de ses entreprises, le pouvoir et l'abondance. « O Agni, — dit le

« Pâtre Arya, — en échange de nos invocations, fais que la terre
« soit à jamais libérale pour nous et féconde nos troupeaux, que
« nous ayions une belle lignée d'enfants et de petits-enfants. — O
« Indra, sauve-nous de la triste pauvreté, — ô Agni, fais-nous
« traverser heureusement tous les dangers, défends-nous contre
« les maladies, ne nous abandonne pas à l'adversité, à l'ennemi
« habile à changer le bien en mal; ô Dieu, protége-nous contre qui-
« conque voudrait nous nuire par ses discours ou par ses actions;
« tu es l'ennemi de tous ceux qui suivent des voies obliques. »

Cette précieuse faveur de Dieu, source pour l'homme de tant de
prospérités, c'est surtout par la prière et par les sacrifices qu'on
se la concilie. « Il travaille au bonheur de sa nation — dit le
« Chantre Arya, — le Prince ami de la vertu, qui, en l'honneur
« d'Indra, présente l'holocauste et l'hymne sacré, ou qui accom-
« pagne la prière de riches offrandes. Qui demande obtient, — dit
« le Chantre Arya. — Il faut prier Agni, nul n'est trompé dans son
« attente quand il est constant dans sa demande; de là le bonheur
« qui s'attache toujours à l'homme pieux. Car, ô divin Agni,
« s'écrie-t-il, tu donnes à celui qui honore les dieux, la splendeur,
« l'opulence et la force d'une nombreuse famille. » Puis associant
la notion de l'immortalité à celle de rémunération future, il promet
au juste une place parmi les Dieux; — « l'homme bienfaisant
« monte au ciel et se range parmi les immortels, dit l'hymne
« sacré. » Puis l'Arya supplie Dieu d'être sourd aux prières de
l'impie, — ô Agni, rejette la prière du riche qui refuse de te
reconnaître comme maître et de t'offrir des présents; de celui aussi
qui chante rarement tes louanges, tous les deux sont des impies.
— « Viens à nous, Agni, avec la bonté qu'un père a pour ses
« enfants, sois notre ami, notre bienfaiteur, tu es bon et clément;
« ô Agni, tu es le parent des mortels, tu es leur ami chéri, pro-
« tecteur prévoyant du faible, tu reçois le nom de père. Si nous
« avons commis quelque faute contre les dieux, contre nos amis,
« nos enfants, ou notre père, que cette prière nous fasse obtenir
« notre pardon; ô Ciel, ô Terre, gardez-nous contre le mal. »

Le pardon des fautes s'obtenait par une expiation solennelle, par
des rites destinés à réparer l'affront fait à Dieu; par des invocations, les sacrifices et l'holocauste et au moyen des lotions
avec l'eau.

Les Eaux étaient invoquées par l'Arya comme venant du ciel, comme les mères des Êtres, comme servant aux sacrifices, comme purifiant de la souillure, comme augmentant la force et protégeant contre les maladies, et au Culte de la Mer, l'ensemble des eaux dont il faisait le premier principe des Êtres et qu'il se représentait sous le nom de SINDHOU, se rattachait celui des Eaux divines et salutaires[1], des fleuves et des fontaines. *Sindhou* signifie : — réunion des eaux, *dhou* eaux, *sin* réunion; profondeur sacrée, *dhou* profondeur, *sin* ancienne et sacrée, — *dhou* verdâtre, noirâtre, *sin* bassin.

Les sacrifices d'animaux apparaissent rarement dans le Veda. L'offrande du Soma dominait alors tout le culte ; c'était plus particulièrement aux nouvelles et aux pleines lunes qu'avaient lieu les sacrifices ; à ces époques la nature semble éprouver une révolution et l'homme était alors tout naturellement porté à invoquer les Dieux qui y présidaient; c'est par le même motif que la prière devait se faire aux trois époques du jour qui marquent les trois moments de la révolution diurne, le lever du soleil, son midi et son coucher. Il est fait plusieurs fois allusion à ces trois moments du jour qui règlent l'ordre des sacrifices RITA — et *Rita* signifie : en révolution, en mouvement, en circulation, en transformation, de même que : idée, loi, vérité, modèle, exemple. Les trois saisons des rites, les trois divisions du temps se trouvaient déifiées comme les rites eux-mêmes et le chantre védique les appelle à partager la libation du Soma sous les noms de RITOUS ou RITAVAS. — *Ritous* signifie : époques, saisons de transformation ; *ous* saisons, âges, époques, *rit* qui se transforment — et *Ritavas* exprime la lumière en mouvement, *was* la clarté, la lumière, *a* en, *rit* mouvement, circulation, transformation. Les libations fournissaient un moyen de faire disparaître les souillures, car par les libations on s'assurait la bienveillance de Dieu, et cette bienveillance valait le pardon des péchés ; pendant les libations du matin, du midi et du soir, l'Arya demandait à Agni d'accepter le gâteau qu'il lui présentait ; mais les lotions avec l'eau, effaçant les souillures corporelles, offraient l'image toute naturelle de la Purification morale, aussi jouaient-

---

1. Il suffit encore de mourir dans les eaux du Gange et d'y recevoir la sépulture pour entrer sans obstacle dans le ciel de Shiva.

elles un des principaux rôles chez les Aryas. « Eaux purifiantes,
« dit l'Hymne Védique, emportez tout ce qui peut être en moi de
« criminel, tout le mal que j'ai pu faire par violence, par impré-
« cation ou par injustice. »

D'images, de simulacres, les Aryas n'en connaissaient point.

Telle était cette RELIGION PRIMITIVE de nos grands parents, et par
les effets miraculeux de la bonté, de la sagesse et de la grâce
de Dieu, la Lumière Divine nous fait apercevoir les sources clari-
fiantes de la Foi et des Dogmes Chrétiens ; nous guidant parmi
leurs fondements, elle nous fait sonder les matériaux et la solidité
des Temples où renaissent constamment le Feu et la Clarté Célestes
et devant lesquels nos pères avaient le soin de planter des arbres
en mémoire et reconnaissance de la substance qui avait aidé à la
construction de l'édifice.

Dans cette religion primitive, mystique et poétique comme la
nature elle-même, œuvre de Dieu qui lui servit de base, les
hommes sur qui la grâce divine s'est répandue, les vrais fidèles,
admirateurs et observateurs des lois de Dieu et des Rites Sacrés,
reconnaîtront l'origine de nos institutions religieuses.

Ils y verront :

Une Religion toute de révélation, de foi, d'espérance et d'amour.

La conception du Dieu Unique, père, créateur et souverain
maître du monde animé et inanimé, de toutes choses et en
tous lieux.

La conception d'une Trinité physique, métaphysique et indi-
visible : Trois rameaux d'un seul tronc, Trois formes du même
principe, un Dieu en Trois personnes, procédant l'une de l'autre,
dont l'une a le titre de Médiateur entre les hommes et la grande
Ame invisible, et dont la troisième partie, l'Esprit Saint, est symbolisée sous la forme gracieuse de l'Oiseau Sublime.

L'Immortalité de l'Ame et la tradition du péché originel, la
rémunération future pour l'âme du Juste qui a sa place dans les
cieux ; un lieu d'expiation pour les méchants ; une petite vallée
ou Pantchatvan où chacun se retrouve et un Agni nocturne emportant avec leurs péchés les cadavres des morts dont le feu Mi-
tryou consume les chairs en laissant les ombres. Le culte des
Ancêtres ou Commémoration des Morts qui dans l'Inde se célébrait
aussi au commencement de novembre.

La création des Anges.

La béatification des Saints.

Au moment de l'Équinoxe du printemps, la Transfiguration de l'Arbre Sacré, qui révèle l'existence d'Agni, le Fils de Dieu, qui manifeste son règne sur la terre et d'où résulte la délivrance des hommes, mystère divin que le Prêtre Chrétien rappelle chaque année vers la même époque le jour de la Passion, « c'est par « le Bois — dit l'hymne chrétien — que Dieu a régné sur les « nations, que votre sort est honorable, Arbre salutaire et pré- « cieux, vous êtes heureux de porter sur vos branches sacrées « le prix de la Rédemption du Monde. »

L'institution du Saint-Sacrifice où figurent les deux Espèces du Pain et du Vin avec mélange d'eau, composant le Soma mystérieux qui est l'Image d'Agni, Fils de Dieu, qui devient Dieu comme Agni et s'incorpore avec lui[1].

L'Agni, Fils de Dieu, prenant un Corps et une Ame semblables à nous, s'élançant de son Berceau et donnant sa vie pour le Salut du genre humain, dont il assure la Rédemption par sa Passion et son martyre.

L'Ascension d'Agni s'asseyant alors auprès du Père.

L'Eau, au moyen de lotions et immersions effaçant le péché et facilitant l'entrée dans le ciel comme l'Eau Sacrée qui coule au pied de Benarès[2].

La faveur de Dieu obtenue par les prières, les sacrifices et les offrandes.

Les trois prières du jour, le matin, à midi et le soir.

Le lieu du sacrifice, les objets du culte, les rites et les cantiques devenant sacrés comme le Saint-Sacrifice même.

Les Prêtres assimilés à Dieu dont ils sont sur la terre les vénérables et dignes représentants.

Et le Chef de la Prière devenant le Souverain Pontife.

Enfin ils verront les divers Météores, l'Obscurité plus ou moins prononcée des mondes planétaires et lumineux, et la fantasma-

---

1. Tu dis peut-être: mon pain est du pain ordinaire; il est vrai qu'avant les paroles sacramentelles c'est du pain; mais après la consécration, de pain qu'il était, il devient la chair du Christ (ST-AMBROISE, *De Sacramentis* IV, 4.)

2. **BENARÈS**, *ès* auprès, *ar* rivière, *ben* sacrée, de là notre mot béni; — *es* qui est, *ar* contrée, lieu, espace, *ben* béni, consacré.

gorie des Ténèbres engendrer des idées chimériques, créer des
Êtres fantastiques, ce qui dans les temps d'ignorance, cette
autre obscurité morale donna naissance à une foule de Superstitions.

Du sein de cette Religion primitive des Aryas s'élevèrent plusieurs Écoles Hétérodoxes, et parmi ces écoles diverses nous
remarquons celle de Bouddha.

Dix siècles avant la venue de Jesus-Christ, Bouddha commença
ses prédications, exposant l'origine et la nécessité de la Foi,
« l'état de misère universelle c'est-à-dire le monde humain étant
« la première Vérité, la deuxième étant le chemin du Salut, la
« troisième les tentations qui s'y rencontrent, la quatrième
« la manière de les combattre et de les vaincre. »

Il appuyait ses Doctrines de l'exemple de ses propres Vertus et
par des Miracles. C'était chose nouvelle dans l'Inde que d'entendre
prêcher dans un langage simple pour communiquer à tous les
Vérités qui auparavant étaient le privilége de quelques-uns, aussi
les exposait-il sans souci de la forme, toujours prêt à recevoir les
hommes que repoussaient les hautes classes de la société.

La morale Bouddhique conservait et proclamait les doctrines
primitives d'un seul Dieu et de l'Égalité des hommes devant lui.
Les cinq commandements principaux étaient : « ne tue aucun être
« vivant depuis l'insecte jusqu'à l'homme ; ne dérobe pas ; ne
« commets pas l'adultère ; ne mens pas ; ne bois pas de vin
« ni d'autres liqueurs enivrantes. » Les dix péchés capitaux
étaient divisés en trois catégories ; dans la première : l'homicide,
le vol, l'adultère ; dans la seconde : le mensonge, la rixe, la haine,
les paroles oiseuses; dans la troisième : le désir immodéré, l'envie,
l'idolâtrie. C'est pêcher en Esprit que de désirer le bien d'autrui,
de méditer un crime, de nier Dieu ; c'est pêcher en Paroles que
de mentir, médire, parler hors de propos ; c'est pêcher en actions
que de s'approprier ce qui est à autrui, de nuire aux êtres animés
sans l'autorisation de la loi, de courtiser la femme d'autrui.

Bouddha attaque la Caste Sacerdotale comme dépositaire et
interprète d'une loi religieuse opposée à la bonne loi qu'il avait
annoncée, et l'empire sur les sens, l'humilité, la mortification, la
charité sont prêchés avec des accents si tendres et si pénétrants
que parfois on croirait entendre l'Évangile.

Bouddha recommande chaudement l'aumône et un mendiant serait une rareté dans les pays où la religion de Bouddha est professée.

Et voici quelle était la Légende du Chef de cette École Hétérodoxe, dix siècles avant Jesus-Christ :

« Il avait deux corps, l'un sujet à la mort et aux transformations,
« l'autre était la loi elle-même, éternelle et immuable. Il naquit à
« l'équinoxe de l'hiver, c'est-à-dire le 25 de l'étoile de chioutang
« d'une Vierge belle, immaculée ; sa mère l'engendra sans cesser
« d'être pure, et soudain une Lumière se répand sur le monde,
« et les chants suaves des génies annoncent la naissance du Répa-
« rateur. Il fût adoré par quelques Rois ; présenté au temple, un
« vieux prêtre le prit dans ses bras et prédit en pleurant ses glo-
« rieuses destinées. Encore enfant il étonne les Docteurs par sa
« sagesse, bientôt il se retire au désert où il passe six ans dans
« la pénitence ; c'est pendant cette retraite que l'on voit apparaître
« sur son corps les trente-deux signes de Sainteté parfaite ; rentré
« dans la solitude pour méditer sur l'amour fraternel et la patience,
« il est tenté par le Démon, mais il triomphe de ses obsessions.
« Alors il va prêchant, choisit des Disciples, institue des remèdes
« pour les péchés afin de tirer le monde de la voie de perdition.
« Enfin les ennemis de sa doctrine l'envoient au gibet, et lorsqu'il
« expire la terre tremble, le ciel se couvre de ténèbres. »

Bouddha fit des prodiges sans nombre, ses disciples furent témoins de ses résurrections, guérisons, prédictions, transfiguration et du miracle de la multiplication du gruau, du riz et du poisson, etc.

Cette ressemblance extraordinaire entre les deux Réformateurs, Bouddha et Jesus est tellement frappante que, sauf la différence dans les progrès de civilisation, on se demande sérieusement si nos Missionnaires vont dans l'Inde pour enseigner aux autres les Saintes Lumières du Christianisme ou apprendre eux-mêmes la Morale et les divins Mystères du Bouddhisme.

Et de Jesus remontant à WICHNOU qui signifie la Providence et la pure et divine Lumière, *now* divine, pure, sainte, véritable, *wich* lumière et science, maxime et arbre, nous remarquons aussi que ce Dieu, sous l'Incarnation[1] de CRICHNA, échappa comme le Christ

---

1. Le Sanglier, emblème des Gaulois, est aussi l'une des incarnations de Wichnou.

aux périls qui entouraient son berceau, périls dont le plus grand fût le massacre tous les enfants en bas-âge ordonné par ses ennemis. Comme le Christ Crichna descendit sur la terre pour un Sacrifice que lui seul pouvait accomplir, il s'assujettit à toutes les faiblesses, à toutes les misères pour renverser l'empire du Mal et s'offrir pour modèle à l'homme, et cependant digne représentant de l'Être Sublime qui l'avait envoyé, juste, bon, miséricordieux comme lui, il ne demandait à ses adorateurs que Foi et Amour, le désir de se réunir à lui, le mépris des choses terrestres et l'ab-négation de soi-même.

Ce fût la Septième et la plus magnifique de toutes les Incarna-tions de Wichnou, Soleil mystique, Sacrificateur et Sacrifié, Époux de toutes les âmes pures auxquelles il se communique et qui se communiquent à lui, formant ainsi la participation universelle des Bons avec Dieu ; et cette idée est la même chez les Païens qui, restreignant le Culte presque uniquement à Jupiter, faisaient d'Appollon un Médiateur entre Dieu et les Hommes, un Sauveur de l'humanité qui après s'être incarné, aurait vécu esclave[1] sur la terre, soumis aux souffrances par expiation.

Crichna a cette double signification — d'Enfant Merveilleux ; *na* extraordinaire, miraculeux, merveilleux, *crich* enfant, crèche et berceau ; — et de Soleil bienfaisant, *na* bon, utile, généreux, bienfaisant, *crich* soleil, feu, rayons, lumière et puissance ; de *crich* feu et soleil vient le gallois *crichias* échauffé, ardent, bouillant — et frappés probablement aussi de cette ressemblance avec le Christ, c'est de *crich* que les bretons ont formé leur mot *crichen* dans l'acception ou signification de Chrétien.

Celui qui plus tard sût par ses Vertus se faire admirer comme leur Chef ne fit la recommandation d'aucune pratique religieuse, et les Réformateurs de l'École Essenienne, portant spécialement leur attention sur la Morale et considérant plutôt le but philosophique que la forme des Rites, trouvèrent tout établi le Culte du Feu et du

---

1. **ESCLAVE,** *clav* ferrement en général; ferré, enchaîné, enfermé, courbé; — et affliction, maladie, douleur, peine de corps et d'esprit; — de là le breton *clawet* ferré, enferré, — le breton *claw* nœud coulant, *es* est la préposition explétive usitée seule-ment en composition, et dont, comme en breton il ne reste le plus souvent que la lettre *s ;* — de là le breton *sclav,* l'allemand *sclav* et le *sclavus, sclava* captif, captive dans les anc. mon.

Soleil, et conservèrent les Symboles et Mystères de ce culte alors adopté par les différentes religions de l'Orient et de l'Occident.

Nous avons vu comment la nouvelle religion suivit la tradition des anciennes en ce qui concernait les Fêtes de Noël, Circoncision, Épiphanie, Pasques, Pentecôte et Assomption, comment elle avait admis l'ancienne Légende de la Vierge et comment l'École Essenienne composée de Galiléens ou Gaulonites avait conféré à son Chef le titre de Jesus synonyme d'Hesus, l'ancien Dieu de nos Ancêtres, lesquels en Gaule célébraient également le 25 décembre les mystères du Culte du Soleil. Hesus signifiait principe de lumière, mais nos pères l'appelaient encore l'Effroyable; il n'est donc point surprenant que Jesus, appelé par Saint Jean la Vie et la Lumière du Monde, et dans le Missel[1] Parisien, qualifié de Lumière de Lumière et de Dieu fait Homme, soit aussi dans ce même Missel nommé le Terrible; il devient alors l'Image de la Trimourti Indienne : Création, Conservation et Destruction[2].

Les Peuples devaient en effet faire un rapprochement naturel entre la Divinité et l'Homme qui voyait dans son Dieu — Lumière de Lumière, synonyme de Soleil, — les phases de sa propre destinée, naissance, accroissement, apogée, décroissement et mort ; aussi dirent-ils que Dieu avait fait l'homme à son Image, et le Soleil, principe vital, comme Hesus et Jesus, étant sans cesse renaissant, l'homme compléta cette image par le Dogme de l'Immortalité ou de la Résurrection.

Nous avons dit qu'on ignorait le véritable nom du fils aîné de la Vierge Marie, et voici ce que nous apprend l'Évangile selon Saint Mathieu, chap. Ier. « Le Seigneur avait dit par le prophète : une « Vierge concevra et enfantera un Fils à qui on donnera le nom « d'EMMANUEL ; Joseph s'étant éveillé fit ce que l'Ange lui avait « ordonné et retint sa femme, et il ne l'avait point connue lors- « qu'elle mit au monde son fils, premier né, à qui elle donna le « nom de JESUS. » Dès lors on ne peut que difficilement comprendre comment la Vierge ayant enfanté, donna à son fils aîné le nom de

---

1. MISSEL, sel action de considérer, de regarder, d'interroger, mis le temps, mis conjectures et conjecturer.

2. BRAHMA, la création, WICHNOU la conservation, et SHIVA la destruction qui est aussi la reproduction, car la mort n'est qu'une transformation. Ces trois puissances mystérieuses personnifient également trois choses physiques : la Terre, l'Eau et le Feu qui est aussi le Soleil.

Jesus tandis que le Seigneur avait dit : il s'appellera Emmanuel.

Nous avons dit que le Chef de l'École Essenienne n'était pas Juif :

Tout en remarquant que 130 ans avant la venue du Fils, premier né de la Vierge Marie, un autre Moraliste aussi nommé Jesus, le fils de Sirach[1] avait acquis une grande célébrité à Alexandrie, nous ferons observer que le Nom de Jesus qui ne fût porté dans la Judée qu'après la captivité de Babylone, c'est-à-dire après le mélange avec les Perses et les autres descendants des Indiens, est le même que Hesus et Gesu; le H, le J et le G se changeaient réciproquement, le H et le G se plaçaient même ou s'omettaient indifféremment au commencement du mot[2] et Jesus, Hesu et Gesu ont une signification absolument identique, *u*, *us* toujours, *jes*, *hes* et *ges* jeune, fort, généreux, magnanime, etc. et terrible, horrible, effroyable, c'est-à-dire qu'ils expriment à la fois les deux principes de Vie et de Mort, du Bien et du Mal.

Au moment de la venue du Christ :

Samarie. La Samarie[3], contrée voisine de la Galilée, était peuplée de tribus qui descendaient de Colonies Indiennes, et les Samaritains avaient leur Temple sur la Montagne Sacrée de Garizim[4], où ils adoraient le Dieu unique, car c'est dans son entretien avec la Samaritaine, que Jesus dit ces paroles : « Femme le temps approche où vous « n'adorerez plus le Père qu'en Esprit et en Vérité. »

Galilée. La GALILÉE, pays des Gaulonites et des Gentils, était d'après le témoignage des historiens, peuplée d'habitants dont l'immense majorité était d'origine étrangère.

Les Gentils[5] ou Galiléens sont, dit Saint Paul, épitre aux Romains, XI, 1 à 36, « des branches étrangères entées sur le

---

1. SIRACH, *ach* famille, parenté, *sir* grande, brillante, etc.

2. Exemple: *hen*, *gen*, arbre; *gars*, *jars*, le mâle de l'oie; *hudal*, *judal*, huer, appeler en criant; *hir*, *ir*, habitation, *garu*, *aru*, barbare; *hud*, *jud*, *gud* et *ud*, admirable; *hu* et *ju*, puissant.

3. SAMARIE, *ri-e*, en quantité, *sama*, bêtes de charge, de là *samarius* dans les anc. mon. bête de somme; *ie*, la vraie, *ar*, terre, *sam*, sainte.

4. GARIZIM, *zim*, offrande, *y* en, *gar*, chair, aliment, de là *gara* anc. mon. nourriture en général, et *gara*, *garra*, en basque orge; *zim*, sacrifice, *y* en, *gar*, offrande, de là en irlandais *garan*, donner gratuitement. *Zim*, prière, sacrifice, fiançailles et offrandes, *y* dans, *gar*, bois, forêts, de là *gararius*, coupeur de bois, et *garach* en irlandais plein de bois; *gar*, feu, de là *gar*, flamme en basque; *gar*, montagne, de là en gallois *garaw*, rapide, et en basque *garai*, le plus haut.

5. Les Anglais appellent encore les Indiens *gentus*, c'est-à-dire Gentils, et les Perses sont nommés les puritains du Gentilisme.

« tronc de l'arbre où les branches naturelles peuvent refleurir, »
et partout on appelait Jesus le GALILÉEN.

D'après la tradition, Joseph, charpentier comme le fût Wichnou
dans une de ses transformations, et Marie, Père et Mère de Jesus,
habitaient Nazareth en Galilée ; c'est en Galilée que Jesus, frère
ainé de Jacques, remplit longtemps de préférence son Ministère,
et comme nous l'avons vu précédemment, Galiléen veut dire
homme de Race Gauloise, habitant une terre étrangère.

Dans la Passion de Notre Seigneur Jesus-Christ, selon Saint-
Mathieu, chapitre 26, cet Évangéliste raconte que la servante
abordant Pierre lui dit : « vous étiez aussi avec Jesus le Galiléen, »
— et que Jesus sur la croix prêt à mourir, vers trois heures de
l'après-midi, après un supplice qui durait depuis neuf heures du
matin, jeta un grand cri en disant : ELI, ELI, LAMMA SABACTHANI ; —
que quelques-uns de ceux qui étaient là et qui l'entendaient dirent:
il a appelé Elie, — qu'aussitôt l'un deux courût prendre une
éponge qu'il remplit de vinaigre, et que l'ayant mise au bout d'une
canne il lui présenta à boire, mais que les autres dirent : « atten-
« dez, voyons si Elie viendra le délivrer. » (Jean XIX, 28, 29 ;
Mathieu XXVII, 47 à 49; Marc XV, 35 à 36) et qu'alors Jesus, jetant
encore un grand cri rendit l'esprit. (Mathieu XXVII, 50; Marc XV,
37; Luc XXIII, 46; Jean XIX, 30.)

Ces mots : Eli, Eli, Lamma Sabacthani signifient : « à mon
« secours, vite et beaucoup à boire. » — *Eli* secours, aide, assistance, remède, et en gallois il veut dire encore aujourd'hui remède,
médicament. — *Sabacthani, i* dans, *than* ardeur, soif, *ac* brûlante,
aiguillonnante, *sab* eau, c'est encore sa signification actuelle en
gallois, — *lamma* vivement et abondamment, à flots; dans cette
dernière signification, c'est de là que vient notre expression *lame
d'eau*, et, dans sa signification de mouvement, c'est de là que vient
le breton *lammet* sauter, *lammer* sauteur.

Ces mots proférés par Jesus sur la croix faisaient partie du
dialecte Gaulonite, et à ce moment suprême Jesus le Galiléen ne se
serait point servi de ce dialecte s'il eût été Juif, — et les Juifs
présents au martyre de Jesus n'auraient pas confondu *eli* au
secours, avec Elie le prophète.

Il est vrai que le traducteur de l'Évangile rend Eli, Lamma
Sabacthani par : « Mon Dieu, mon Dieu pourquoi m'as-tu aban-

« donné, » mais indépendamment de cette erreur matérielle,
et encore bien que ces mots soient les premiers du XXII° Psaume,
la raison n'admettra pas que le Fils de Dieu, Dieu lui-même, dont
la parole fût: « soyez parfaits comme mon Père Céleste, » ait jamais
élevé semblable plainte contre son Père ; aussi l'Évangéliste Saint
Jean, qui rend également compte de la Passion, dit simplement,
qu'au moment de mourir, Jesus s'écria : « J'ai soif, » et que c'est
alors qu'on lui présenta un vase plein de vinaigre.

Selon Mathieu, XXVI, 73, et Marc, XIV, 70, les Galiléens parlaient un patois qu'ils qualifient d'assez corrompu et que divers
savants appellent le dialecte Galiléen ; leur prononciation était
vicieuse, ils confondaient les diverses aspirations, ce qui amenait
des quiproquo dont on riait beaucoup ; n'est-ce pas suffisamment
faire comprendre que les Galiléens n'étaient pas de la Famille
Hébraïque.

Ebion.

Les Disciples Galiléens de Jesus aimaient à se donner le nom
d'EBION qui signifie *eb* auprès, *ion* la divinité, *eb* j'adjure, je prie,
ion le soleil, et Saint Paul qui fût reçu avec transport dans la
Galatie, peuplée de descendans de Celtes et de Gaulois, s'intitulait
l'Apôtre des Gentils, (ou Galiléens) et non des Hébreux.

Judas.

Parmi ses Apôtres, un seul pouvait être Juif[1], c'était Judas, celui
qui prit de la main du Christ le morceau trempé, et ce fût le seul
qui trahit Jesus après avoir déjà troublé l'union des sectaires, ce
qui lui valût mieux encore que Carioth, lieu de sa naissance,
l'épithète d'ISCARIOTE. — *Riote*, dispute, querelle, *a* parmi, *isc*
la société, la communauté, la réunion.

De la trahison de Judas, résulta la Mort de Jesus, de l'homme
qui par ses vertus, et après avoir profondément médité sur lui-
même, répandit dans le monde, — les idées du bien, du beau, du
noble, du juste, de tout ce qui vient de Dieu et conduit à Dieu. —
L'histoire ne nous donne pas la date précise de la mort de Jesus,
mais nous savons qu'il est demeuré trois jours dans le sépulcre,
qu'il ressuscita trois jours après sa mort, nous savons que la

Jeudi-Saint.

Religion Catholique fête cette Résurrection le Dimanche de Pasques,
c'est donc au Jeudi et non à la veille du Sabbat qu'il faut faire
remonter l'établissement du Sacrifice de Jesus ; aussi dès l'office

---

1. CLÉARQUE, disciple d'Aristote, en son livre du Sommeil, observe que les Juifs
tirent leur origine des Indiens (JOSEPHE, Liv. 1er, contre Appion § 22.

du Jeudi-Saint, le Prêtre Chrétien, sans intention de tomber dans
l'erreur du Moine Eutichès[1] qui faisait Mourir la Divinité sur
la croix, et sans intention non plus de le transformer en une pure
apparence et en un spectacle sans réalité, parle-t-il à ses Fidèles
comme d'un fait déjà accompli et en accompagnant la procession
au Tombeau, de « ce Sacrifice durable et permanent du Corps
« et du Sang de Jesus, qui nous fortifie en nous repaissant de
« sa Chair immolée pour nous et qui nous purifie en nous donnant
« à boire ce même Sang qu'il a répandu pour nous sur la croix ; »
aussi, la cloche se tait-elle en signe de douleur le Jeudi-Saint ; or, le
Jeudi, d'après les vieilles Croyances Celtiques, était un Jour Né-
faste, un Jour de Meurtre : Malheur à la Mère du Fils du Juge disait
un proverbe Gaëlic, quand le Bel-Tan[2] arrive un Jeudi, de là le
Jour de *thor* imposé par les Peuples du Nord au quatrième jour de
la semaine ; Thor était le nom de Jupiter tonnant, *thori* en breton
signifie foudroyer, rompre, briser, et suivant la Légende, après
le Sacrifice, Pilate aurait ordonné de briser les jambes de Jesus.

Nous avons dit que Vierge Marie est synonyme de Lumière dans
le ciel, — aussi le Prêtre Chrétien répète-t-il aux Messes de la
Sainte Vierge : « Le Seigneur a établi sa tente dans le Soleil et
« cet astre brillant semblable à un époux sortant de sa chambre
« nuptiale, part avec ardeur pour courir comme un géant dans sa
« carrière ; il part de l'extrémité du Ciel et il porte sa course
« jusqu'à l'autre extrémité. »

Dans l'Inde le Bœuf et la Vache jouissaient, comme depuis
à Rome, d'une Religieuse vénération. Symboles de la Force pro-
ductive de la Nature, ils sont les emblèmes du Soleil et de la Lune
et l'on retrouvait ces Symboles sur le Portail de l'Église de la Cité
de Saint Pierre aux Bœufs comme dans les Armes de la ville
de Paris. Ormuzd avait chez les Mages produit le Taureau primitif,
dont la tête représente l'A, première lettre de l'alphabet, qui
contenait le germe de toute la vie organique et qui est le Signe de
la Justice Divine. Apis, le Bœuf Égyptien, naissant d'une Genisse
fécondée par un Rayon Céleste, était un des Symboles du Soleil,
comme le Taureau chez les Gaulois, comme le Belier, Signe équi-

*Bœuf, Vache
et Taureau.*

---

1. EUTICHÈS, *es*, qui est; *tich*, bon, utile, généreux; *eu*, toujours.
2. BEL-TAN, *tan*, se mettant en mouvement, perçant, éclatant; *bel*, soleil. *Bel-tan*
est ici synonyme d'Équinoxe du Printemps.

noxial dans le Zodiaque. Apis est synonyme de Bœuf signifiant
l'un et l'autre Père-Feu : *is* feu, *ap* père, créateur ; *uf* père, *boë* feu ;
Taureau et Belier sont tous deux l'expression de Lumière dans le
ciel, *aw* lumière, *i* dans, *tawr* le cercle ; *er* lumière, *i* dans, *bel* le
ciel, Ciel indique Ce qui contient la Lumière, *el* lumière et soleil,
ci ce qui contient, ce qui renferme et Zodiaque veut dire : pluralité de lumières dans le Cercle, *ake* lumière et pluralité, *i* dans, *zod*
ciel, cercle et univers.

Agneau.

Les premiers Patriarches furent des pasteurs ; ils assimilaient
le Nom de leurs Bestiaux, qui composaient leurs richesses, au
Nom des Lumières qui brillaient au firmament et qui procuraient
leur bonheur, et c'est pourquoi le chien Soura chez les Perses et
Syrius, chez les Égyptiens, sont préposés comme sentinelles à la
garde des Étoiles. La nouvelle Religion adopta le Symbole de
l'AGNEAU, le Réparateur chez les Perses ; AGNUS DEI, Agneau de
Dieu est l'expression prodiguée dans la nouvelle liturgie, et à

Innocens.

la messe des Saints Innocents, le 28 décembre, c'est-à-dire trois
jours après la naissance du Nouveau Soleil, le Prêtre officiant fait
cette lecture : « en ces jours là, je regardai et je vis l'Agneau
« sur la Montagne de Sion[1] et avec lui cent quarante-quatre mille
« personnes qui portaient son nom et le nom de son père écrits
« sur leurs fronts. Ce sont ceux qui ne se sont point souillés
« avec leurs femmes parce qu'ils sont Vierges, ils suivent l'Agneau
« partout où il va[2]. » Or, Agneau signifie : lumière sans tache,
aw lumière, *agn-e* qui est blanche, brillante, sans tache, pure
dont les Grecs ont fait leur *agnos* chaste et les Gallois leur *agned*
vierge, et c'est afin que ce Symbole soit bien connu de tous
les Chrétiens, qu'au dessus du front de Jesus on écrit ces mots :
IN RI qui signifient. — Agneau sans tache, *ri* agneau, bélier
dans l'ile de Mona, *in* sans tache, — et puissante lumière, *ri*
puissante, *in* lumière, soleil.

Quant aux cent-quarante-quatre mille personnes, le mot INNO-
CENT nous indique qu'il s'agit ici des étoiles, Symboles des âmes
des Mortels, car *innocent* a la signification de : Lumières en

1. SION : lumière divine et firmament, de là en irlandais *sion*, le temps, *sion*, élévation ; *si-on* arbre sacré, *on* sacré, *si* arbre, de là *sia* en basque chêne vert, *si* arbre
en siamois.

2. CRICHNA, né dans les prairies sacrées du Gange, guide comme un berger au
son de la musette un chœur d'innocentes bergères, (CANTU, hist. univ. inde-religion.)

quantité, marchant dans les ténèbres ; *cent* quantité, grand
nombre, *o* de, *ynn* feux, lumières, étincelles; *ent* marche, course,
route, chemin, *ynnoc* dans les ténèbres, (*noc* ténèbres, *in* dans).
A la Communion de la même messe le Prêtre ajoute : « l'Agneau
« qui est au milieu du trône sera leur Pasteur[1], — et comme les
« cent quarante-quatre mille ne semblent' exister que lorsque
« l'Agneau s'emble s'éteindre, cette expression a pû être heureu-
« sement employée, » le bon Pasteur donne sa vie pour ses Brebis.

Les Cérémonies de la Sainte Messe, dit l'Abbé Massard, sont **La Sainte
des actes religieux, en même temps que des signes mystérieux **Messe.**
employés par l'Église, où un échange de souhaits et de vœux
a lieu Sept fois pendant le Saint Sacrifice, pour attirer en nous
les Sept Dons du Saint-Esprit, et en chasser les Sept péchés
capitaux; ce nombre Sept est égal aux Sept Cabires ayant pour
père le principe du Feu, aux Sept Planètes ou Sept Esprits pros-
ternés devant le trône du Très-Haut, aux Sept têtes du Démon
de l'envie d'Ahrimane et à ses Sept Devis principaux, aux Sept
Temples de la religion des Mages, en relation avec les Sept
planètes, aux Sept collines de l'Ancienne Rome et aux Sept gages
sacrés de sa prospérité, aux Sept quartiers de la Rome Chrétienne,
et il revient à chaque instant dans les annales des Anciens Peuples
et dans le Culte du Feu et du Soleil.

Pour célébrer la Sainte Messe, le Prêtre Chrétien doit revêtir **Habits et
sur la Soutane, six habits ou ornements liturgiques dont la **ornements.**
soutane est le Septième.

Ces six habits ou ornements sont indépendamment de la soutane:

L'Amict,
L'Aube,
Le Cordon,
Le Manipule,
L'Étole,
La Chasuble.

---

1. Chez les Persans, *tyr* est l'Ange gardien des troupeaux et du mois de Juin,
et le nom de *tyr* signifie encore en Danois et en Suédois Taureau; et c'était cette
Divinité que les Cimbres ou Kymris, nos ancêtres, révéraient sous la forme d'un
Taureau de cuivre, — et la loi d'Ormuzd porte: « Je recommande de donner à
« manger au troupeau; quiconque le fera ira en paradis; procure-lui les joies du
« pâturage, nourris ceux qui ne sont pas nourris; donne un berger à ceux qui ne
« l'ont pas. »

Soutane qui exprime une enveloppe de couleur noire, *tan-e* habillement et enveloppe, *sw* noir, rappelle qu'il ne faut pas que cette enveloppe, signe de l'obscurité, fasse perdre la mémoire du Soleil et du Feu; — *e* du, *tan* feu en cornouailles et en breton, feu et lumière en gallois, *tan* feu dans la langue des anciens germains, de là le temple dédié à Tanfana, c'est-à-dire au Seigneur Feu, Tan, arbre, de là Tan, chêne en breton, de là notre mot *tan*, résidu de l'écorce du chêne, *sw* souvenir, interprétation, commentaire et action de rappeler à quelqu'un le souvenir.

Amict signifie tout ce qui sert à couvrir ; les Latins en ont fait *amictus* voile, et leur verbe *amicio* voiler, envelopper, en vieux français *amis* couverture. Amict étant tout ce qui sert à couvrir signifie : nuit, mystères et conjectures, et par la même raison, mais dans un autre ordre d'idées, morale, protection et force.

Aube fût employé comme synonyme d'habillement, et marquant la blancheur[1], il signifia pureté et chasteté, comme il exprima aussi l'aurore ou jour naissant.

Cordon qui veut dire lien sacré, *on* sacré, *cord* lien, marque de plus l'Ame universelle, *don* universelle, *cor* âme, — et la protection divine, *don* divine, *cor* protection, de là *cor* en irlandais, sûreté, sécurité.

Manipule symbole de douleur et de fatigue, *pul-e* affliction, occupation, fatigue, douleur, *man i* en signe, en démonstration, indique encore des soins affectueux pour l'espèce humaine, *pul e* sollicitude, *man i* envers l'homme.

Étole qui veut dire : *es-tol* morceau d'étoffe, robe et couverture, signifie de plus pénitence et bénédiction générales, *ol-e* de tous, *et* assistance, protection, pénitence et asservissement, aussi l'Évêque mettant l'Étole aux Ordinands dit : « Recevez le joug « du Seigneur. »

Et Chasuble signifiant grand manteau, *wbl e* ou *wbel* grand, *chas* habit, couverture, manteau, indique aussi une charité exemplaire, *wbl e* grande, remarquable, *chas* estime, compassion, charité, — c'est pourquoi l'Évêque qui met la Chasuble aux Ordinands dit : « recevez le vêtement sacerdotal qui représente la Charité. — Et marque que par cette charité on arrive jusqu'à Dieu, *wbl-e*

1. La couleur blanche était celle du vêtement des Brahmanes, des Mages et des Druides, et elle était consacrée à Jupiter.

.vers l'infini, vers le Seigneur, *chas* action de mener, de conduire.

Lorsque la Messe est précédée de la procession, le Prêtre remplace la Chasuble par la Chape, et CHAPE qui signifie manteau et couverture a de plus les significations de charité, secours, assistance, aide, soulagement et élévation.

Tous les habits sacerdotaux dit l'abbé Massard, dans sa *liturgie expliquée*, ont un sens mystique et moral qui échappe trop souvent aux Fidèles ; des définitions qui précèdent résultent le sens mystique et le sens moral des Sept habits ou ornements liturgiques que le Prêtre Chrétien revêt pour la célébration de la Sainte Messe.

Les Messes de l'Avent sont les premières de celles inscrites dans les Livres Liturgiques sous le titre Propre du Temps. Une série de Solemnités Ecclésiastiques commence à l'Avent comme préparation à la fête de Noël fixée à Rome au jour que les payens célébraient le Retour du Soleil, et AVENT exprime la Marche du Soleil, *ent* marche, qui s'achemine, *av* lumière, éclat de lumière. Cette préparation à célébrer la renaissance du Soleil se trouve graduellement développée dans les paroissiens ou livres d'heures de nos Diocèses et c'est ainsi que les Fidèles peuvent entendre dans nos Temples sacrés :

Propre du temps.

Avent.

Le premier Dimanche de l'Avent. — « Déployez votre puis-
« sance, Seigneur et venez — la Nuit est déjà fort avancée et le
« Jour s'approche, quittons donc les œuvres de Ténèbres, et
« revêtons des armes de Lumière. — En ce temps-là, Jesus dit
« à ses Disciples: il y aura des Prodiges dans le Soleil, dans la
« Lune et dans les Étoiles. »

Le deuxième Dimanche de l'Avent. — « Levez-vous, tenez-vous
« sur un lieu élevé et considérez les délices que vous devez
« attendre de votre Dieu. »

Le troisième Dimanche de l'Avent. — « Cieux envoyez d'en
« haut votre rosée... Que la Terre s'ouvre et germe le Seigneur.
« Les Cieux annoncent la Gloire de Dieu et le Firmament publie
« la grandeur de ses ouvrages. »

Aux grandes Antiennes du 19 Décembre : — « ô Orient !
« splendeur de la Lumière éternelle et Soleil de justice, venez
« éclairer ceux qui sont assis dans les Ténèbres et dans l'ombre
« de la mort. »

Le quatrième Dimanche de l'Avent. — « Son lever sera sem-
« blable à celui de l'Aurore et il descendra sur nous comme les
« pluies de l'automne et du printemps viennent sur la terre. »

Vigile de Noël. — « Encore un peu de temps et j'ébranlerai
« le Ciel et la Terre, la Mer et tout l'Univers, — je vais faire
« paraître l'Orient qui est mon serviteur. »

Aux premiers Vespres[1] : — « Levez la tête et regardez en
« haut parce que votre délivrance approche. — Je vais opérer
« des Miracles nouveaux et ils vont éclater. »

A Complies[2] : — « Il Luit enfin le véritable Jour et le Monde
« sort de ses Ténèbres profondes. »

A Matines. — « La Prophétesse a enfanté un Fils. — Le Soleil
« de Justice est venu d'en haut nous visiter pour éclairer ceux
« qui sont dans les Ténèbres et dans l'ombre de la mort. Le
« Peuple qui marchait dans les Ténèbres a vu une grande Lumière
« et ceux qui habitaient la région des Ombres de la mort ont vu
« le Jour se lever sur eux. »

A la Messe de la Nuit : — « Voici le Lever d'un nouveau Soleil. »

A la Messe de l'Aurore : — « Le Seigneur est Dieu et il a fait
« Luire sur nous la Lumière. »

A la Messe du Jour : — « Divin Jesus, Lumière de Lumière,
« vous êtes avant le Soleil. »

Aux deuxièmes Vespres : — « Vous venez éclairer le Monde
« dont vous êtes le véritable Soleil. — Je suis venu dans le Monde,
« moi qui suis la Lumière. »

Et le Dimanche dans l'Octave de Noël : — « Voilà celui qui
« s'appelle l'Orient. »

Circoncision.   Gui signifie lumière, science, vérité en même temps que plante,
et *chen-e* puissance, autorité, prescience, oracle en même temps
qu'Arbre ; nous avons parlé au chapitre précédent du jour de la
Circoncision qui était aussi le jour de la grande Solemnité pendant
laquelle les Druides faisaient l'Incision du Gui qu'ils recherchaient
de préférence sur le chêne, et dont celui des Pyrénées était le

---

1. **VESPRES**, *pres*, mouvement, *ves*, circulaire ; *pres*, feu, lumière, *ves*, privation,
de là *vesin*, en étrusque, privation de la vie ; de là le latin *vesper*, le soir, c'est-à-
dire privation du soleil provenant du mouvement circulaire.

2. **COMPLIES**, *es*, lumière, *com-pli*, plongeant dans l'obscurité, (*pli*, obscurité,
détours, *cum*, plonger, aller au fond.)

plus renommé pour la célébration de leurs Rites sacrés. Cette plante, consacrée dans la religion d'Hesus, s'Attache à l'Arbre comme à sa Racine propre, est Édifiée sur l'arbre comme sur son Fondement personnel, se Fortifie dans l'arbre et sur l'arbre, et Croît de plus en plus sur lui et en lui ; nous ne serons donc pas surpris si le Prêtre de la religion de Jesus, officiant le jour de la Circoncision, donne lecture de ce passage de l'Épitre de Saint Paul aux Colossiens, chapitre 11 : « Mes frères, marchez dans les voies « de Jesus Notre Seigneur, selon ce que vous avez appris de lui, « étant attachés à lui comme à votre Racine et Édifiés sur lui « comme sur votre Fondement, vous Fortifiant dans la foi qui « vous a été enseignée et Croissant de plus en plus en lui par de « continuelles actions de grâces. » Après cette lecture on répète Alleluia dont nous allons bientôt connaître la signification.

En Egypte , le 6 Janvier était consacré à Osiris , le Dieu-Soleil ; le 6 Janvier l'église d'Orient solemnise l'Épiphanie, Solemnité également admise à cette même date par l'Église de Rome, et les Fidèles peuvent entendre ces paroles répétées par nos Prêtres officiant le Dimanche entre la Circoncision et l'Épiphanie : « Le « Seigneur montera sur un nuage léger et il entrera dans l'Égypte; « les Idoles d'Égypte seront ébranlées par sa présence. Le Seigneur « a dit par la bouche du Prophète : j'ai rappelé mon Fils de « l'Egypte. » Épiphanie.

Et le jour même de l'Épiphanie : — « quelle est cette nouvelle « Etoile qui, plus brillante que le Soleil, paraît aujourd'hui dans « les Cieux ; l'Etoile qui doit sortir de Jacob commence à paraître ; « attentifs à cette Merveille, les Peuples de l'Orient s'ébranlent et « sortent de l'assoupissement ; que les Cieux se réjouissent ; que « la Terre tressaille de joie et que l'on publie parmi les Nations « que le Seigneur prend possession de son Empire, » — et le mot Épiphanie exprime la Manifestation de la Lumière.

Cette nouvelle Étoile qui paraît dans les cieux aussi brillante que le Soleil , les Prêtres Théologiens la placèrent dans les Astres du Verseau, c'est-à-dire dans les Astres sous lesquels le Nil va commencer son débordement, alors les Prêtres Chrétiens annoncent à la réunion des Fidèles le Dimanche de l'Octave de l'Épiphanie : « la Voix du Seigneur se fait entendre sur les Eaux ; « le Dieu de Majesté fait entendre son Tonnerre; il se fait entendre

« sur les grandes eaux ; la Voix du Seigneur ébranle le désert ;
« la Voix du Seigneur fait avorter les biches ; le Seigneur est assis
« sur les nuées prêt à submerger la Terre. »

**Culte
des arbres.**

Les Druides, dont l'équité était irréprochable, dont le Culte se
prolongea dans le Royaume de Paris jusqu'au milieu du VIe siècle,
dont la Religion est appelée par Saint Clément d'Alexandrie une
Religion de Philosophes, et dont Pythagore vint puiser la Doctrine
qui s'appuyait sur ces bases : — un Dieu Unique, — Immortalité
de l'Ame ; dont le Catéchisme se composait à peu près de ces
Maximes : — Sers Dieu, — Abstiens-toi du Mal, — sois Vaillant,
et dont le Langage Symbolique trouvait ses Éléments dans le
Règne Végétal, amenèrent ou rencontrèrent dans les Gaules le
Culte des ARBRES.

Chêne.

C'était une image familière aux Anciens de représenter les
Justes sous l'image d'un Arbre verdoyant, et les Méchants sous
celle d'un tronc desséché, (Luc XXIII, 26 à 31). C'est de l'Arbre[1]
d'Ormuzd, qui croissait sous la figure d'un Homme et d'une
Femme accouplés, que naquirent les Premiers Parents de l'espèce
humaine[2]; c'est l'Arbre vêtu de ses feuilles qui était l'Emblème
sensible de la Végétation, et c'est le Dieu de nos ancêtres, le Soleil,
qui chaque Année ajoute un Cercle au Tronc de l'Arbre, s'harmo-
niant ainsi avec l'Objet de leur Culte. L'Arbre du reste est admi-
rablement placé pour être Médiateur entre l'Homme et la Divinité,
il tient à la Terre par ses racines et sa tête s'élève vers le Ciel, —
et le mot Arbre a des significations qui convenaient à cette
Religion de la Force et de la Science : *arbre* c'est ce qui contient
le feu, la lumière, *bre* qui renferme, *ar* le feu, la lumière, aussi
les chandeliers à plusieurs branches dont on fait usage dans les
églises sont-ils appelés Arbres, — et par transition du propre au
figuré c'est la manifestation de la Science ou Rig Veda, *bre* qui
contient, *ar* science, prescience, voix, parole et discours, aussi le
CHÊNE, regardé par les Scythes comme le Symbole de Divinités
bienfaisantes et dont les feuilles sont encore sculptées sur le Portail

---

1. Cet arbre était un Palmier. On appelle *chou* le bourgeon terminal de plusieurs
espèces de Palmiers, de là pour satisfaire la curiosité des enfants, cette réponse
qu'on leur fait dans nos campagnes, qu'ils sont nés sous un chou. — Le Chou est du
reste indigène des Indes Orientales.

2. De là notre expression de Tiges, de Branches, de Rameaux, de Racines appli-
quées en parlant des diverses Races et Peuples du Globe.

de Notre-Dame de Paris, ce Roi des Forêts qui domine parmi tous les autres et dont nous avons vu plus haut la signification devint-il l'Arbre officiel, l'Arbre Sacré et honoré et le Symbole du Druidisme, comme il avait été l'Arbre honoré et Sacré dans la Judée primitive, où ce Peuple de Pasteurs, venant aussi de l'intérieur de l'Asie et qui avait aussi, comme les Gaulois, ses Menhir, ses Dolmen, ses Cromlech, ses Tumulus, etc., offrait des Sacrifices à Jehovah sur des pierres dressées sous l'ombrage des Chênes.

Les Druides proprement dits, c'est-à-dire la Première classe de ces Philosophes, adossaient au Chêne leurs Autels à la Divinité comme plus tard nos Prêtres Chrétiens lui confièrent leurs Saintes Images et en firent le Chêne-Chapelle. — Point de Sacrifices sans les Rameaux du Chêne. — Les Bardes, Prêtres du Soleil, chantaient autour et les Devins lui faisaient rendre des Oracles.

Le Chêne, Arbre d'Hesus n'était pas cependant le seul Symbole végétal ; nous avons vu que le Pommier était l'arbre de la Science, et le Bouleau, arbuste et symbole de l'ordre Bardique, l'emblème des énergies génératrices ; **Pommier.** **Bouleau.**

Le BANANIER, Emblême de l'éternelle Puissance de la Nature, qui donne à l'homme de quoi le nourrir, le loger, le meubler, l'habiller et l'ensevelir, était dans l'Inde, l'arbre des Sages et des Prêtres de Brahma ; *er* devise, symbole, *Banan-i* des saints, des sages ; **Bananier.**

Le PALMIER, l'Arbre aimant, et à la voix humaine, était l'Arbre Sacré en Syrie et chez les Aryas ; chez les Peuples de l'Asie intérieure il était consacré tout à la fois au Soleil et à la Lune, à Venus et à Mitra, ces deux Divinités de l'Amour. **Palmier.**

Le LAURIER était consacré à Apollon, à Diane et à Bacchus. Les Prêtres de Junon et d'Hercule se couronnaient de Laurier. Lorsque le feu des Vestales était éteint, on le rallumait en frottant deux morceaux de bois de Laurier l'un contre l'autre. Il était employé pour les cérémonies funèbres, pour les repas et pour les noces. Hésiode raconte qu'il est devenu poète après avoir goûté du Laurier ; c'était avec une Couronne de Laurier que l'on consultait les Morts ; une couronne placée la nuit sous l'oreiller donnait des songes heureux. Jules-César portait continuellement une couronne de Laurier, d'autant plus que ce feuillage lui servait en même temps à cacher la partie chauve de sa tête. Auguste s'en cou- **Laurier.**

ronna aussi toujours, parceque dit-on, il avait peur du tonnerre, et que, selon la croyance générale, cet Arbre Sacré n'était jamais frappé de la foudre. Le Laurier est resté le Symbole de la Victoire, et il est demeuré consacré aux favoris des Muses et à la Gloire littéraire, justifiant ainsi la signification de son nom: *er*, devise, symbole, *llawr-i* de la distinction, élévation, gloire, honneurs, mérite, récompense, de là le gallois *llawrodd* prix qui se donne et se reçoit manuellement.

Le HÊTRE, L'ORME et le TILLEUL avaient aussi leurs significations mystiques.

Orme.   *Orm*, *olm*, *wlm*, noms de l'Orme, en vieux français Oulme, signifient, lien, attache, amour, c'est pourquoi l'Orme accompagnait chez les Grecs la statue de l'Amitié, et c'est pourquoi des ormes touffus couronnaient les tertres funéraires chez nos ayeux. Ils signifient encore tout à la fois accord et difficulté, aussi jusqu'à la fin du moyen-âge était-ce sous l'Orme que se rendait la Justice. En Allemagne où le Culte des Arbres a longtemps

Tilleul.   persisté c'est au Tilleul que la Jeunesse adresse ses hommages ; la jeune Allemagne l'a même proclamé l'Arbre des Amoureux et *till* est synonyme d'Oulm et d'Orm dans le sens de lien, attache, attachement, amour, amitié. *Orm* et *till* signifient encore peau, écorce, et c'est sur l'écorce du Tilleul qu'on commença à écrire. Dans nos campagnes l'on voit l'écorce des hêtres couverts d'écri-

Hêtre.   tures ou d'hiéroglyphes, *hêtre* qui veut dire bon feu, *re* grand, bon, *het* feu, est également l'Arbre de la Science, *re* grande, *het* lumière et science, et il était consacré à Jupiter surnommé Fagutal, de *fag* hêtre, en grec *fagos*.

Rameaux.   RAMEAUX signifie science divine, *aux* lumière et science, *ram-e* qui est élevée, pure, claire, précise, poétique, divine, réunie ; *ram* en hébreu haut, élevé, *ramas* très-haut, *ram* Dieu en indien. — « Je connais — dit un chant attribué au Barde « Taliesin, — la signification des Arbres dans l'inscription des « choses convenues, — ces choses sont lues par les Sages qui « sont versés dans les sciences. »

Le Culte des Arbres ou des Rameaux était donc chez les Druides le Culte de Dieu, du Feu, de la Lumière, la Langue des Divins Mystères, le Signe de la Poésie, de la prescience ou double vue, l'expression de l'autorité, la réunion de toutes les sciences.

Des Galiléens ne pouvaient oublier ce culte de leurs Ancêtres,
et si Jules-César et Saint Martin, chacun à son point de vue
hostile à la Religion de nos Ayeux, profanaient les arbres de
nos forêts sacrées, l'École Essenienne et ses Adeptes, guidés par la
Lumière qui avait inspiré les Druides, continuèrent le Langage
des divins Mystères, et dans les Temples Chrétiens nos Prêtres
n'ont pas cessé de répéter : — ô Dieu qui avez béni les Peuples,
« qui vinrent au devant de Jesus en portant des Rameaux, bénis-
« sez aussi ces Rameaux que vos Serviteurs vont porter avec foi
« en l'honneur de votre Nom. Bénissez tous ceux qui habiteront
« les lieux où ils seront gardés, éloignez d'eux tout ce qui pourrait
« leur nuire, » — et Alleluia répètent aussi les Fidèles Chrétiens.

Suivant la liturgie Romaine, ALLELUIA signifierait: louez le Sei- Alleluia.
gneur, et d'après le témoignage d'Adon, Archevesque de Vienne,
Alleluia aurait été un cri de guerre: *alleluia* a la signification de
— lumière éminente et perpétuelle, *luia* lumière et science, de là
notre mot luire, *all-e* qui est éminente, éternelle, — et veut dire
aussi branches et rameaux en quantité, *luia* branches, rameaux,
all-e en quantité, grand nombre, — et afin qu'il soit bien constaté
que les Rameaux dont il s'agit sont ceux du Palmier, Symbole
de l'Astrologie, Alleluia signifie encore: *luia* plein de ramifications,
de cannelures, de nœuds, etc., *e* sur, *all* l'écorce, aussi était-ce
au moment où la solemnité de Pasques invitait les Croyans à
chanter l'Alleluia, que Saint Antoine couvrait ses épaules d'un
vêtement de feuilles de Palmier. — Alleluia est le syn. d'AMEN, Amen.
en lumière et science, *am* sublime et continuelle, *en* branches,
arbres, rameaux, *am* multiplicité et ils sont tous deux l'expression
de la résignation et d'un hommage à Gwyon le Médiateur
Druidique.

Déjà le Dimanche avant les Rameaux, c'est-à-dire le jour de Passion.
la PASSION[1], le Prêtre Chrétien avait dit aux Fidèles : « c'est par
« le Bois que Dieu a régné sur les Nations ; que votre sort est
« honorable, arbre salutaire et précieux, vous êtes heureux
« de porter sur vos Branches Sacrées le prix de la Rédemption
« du Monde. » Or, par un de ces Mystères dont Dieu a le secret,
chez un Peuple qui forme le cinquième du genre humain et

---

1. PASSION, *sion* lumière, feu, soleil, de là *sion* en irlandais Temps, *pas* qui marche,
pasa en hébreu aller, marcher.

qui remonte aux premiers temps du Monde, ce signe † bien avant la venue du Messie, représentait un Arbre dans l'écriture Chinoise. C'est l'équivalent de notre T, abréviation du fameux Thau des Égyptiens, qui imite comme lui le Tronc d'un Arbre avec ses Branches horizontales, et si Thau est le nom de l'instrument que plusieurs Divinités Égyptiennes tiennent à la main et le nom du Signe que les Religieux de Saint Antoine portent sur leurs vêtements, Quintilien, liv. 8, Ausone, idylle 5, et Grégoire de Tours, liv. 5, chap. 5, nous apprennent que les Gaulois se servaient de ce mot pour désigner une Croix, et il signifiait chez nos Ayeux, Dieu, Lumière et Tronc d'Arbre, comme Gwyddon, Godd et Gwyon qui signifient Lumière, Arbre et Dieu, comme ANTOINE qui signifie l'Arbre Sacré et la Lumière Divine, *Ant* bois et Lumière, *Win-e* qui est sacré et divin, etc. Aussi ne fût-ce que très-tard que les Prêtres et les Conciles chrétiens tonnèrent contre les Adorateurs des Arbres.

Les Rameaux que portaient les Galiléens venant au-devant de Jesus — la Vraie Lumière[1], — étaient des Rameaux de Palmier. Le Palmier, symbole significatif, dont le fruit est appelé Dattes, c'est-à-dire retour, division et réunion de la lumière et du Soleil, *tes* chaleur et lumière du Soleil, *dat* retour, division et réunion ou calcul, de là le gallois *dattod* tourner, dérouler et expliquer, et notre mot *date*, remplit en Orient les fonctions de Cadran Solaire, et même plus, car il marque les Heures par son ombre et les Mois lunaires par ses feuilles nouvelles.

Palmier. Les Égyptiens figuraient l'Année par un Palmier et le Mois par un Rameau, parce que chaque mois le Palmier pousse une branche; *palm* signifie Branches et feuilles et par suite rayons de lumière, Paume de la main, Indication et disque, et *er* veut dire lumière, soleil, heure, temps, existence, de sorte que Palmier c'est l'Indication de l'heure, *er* heure, *i* en, *palm* indication, — la Marque du Temps et de l'Existence, *er* temps, vie, existence, *i* en, *palm* marque, signe, indication, aussi la Palme était-elle un Signe de reconnaissance parmi les premiers Chrétiens, — et comme Palm signifie encore paume de la main, c'est l'origine de l'Horoscope tiré du creux de la main, — c'est enfin le Symbole

---

1. LUMIÈRE, *mier-e* qui est la plus grande, *lu* clarté, pureté.

du Soleil dans son Disque, *er* devise, emblème, *i* du, *palm* disque.

Le DISQUE, qui veut dire *ke* circonférence, qui entoure, *dis* le **Disque.**
soleil, est un objet de culte employé dans l'Église Grecque
comme synonyme de grande Patène.

La PATÈNE dans l'Église Catholique Romaine est le Vase Sacré **Patène.**
fait en forme de petite assiette qui sert à couvrir le Calice et à
recevoir l'Hostie et qu'on donne à baiser aux personnes qui sont
à l'offrande, or CALICE synonyme de Ciboire signifie vase de la **Calice.**
lumière, de la science, *e* de, *ic* et *ix* lumière et science, *cal* vase,
coupe, ce qui contient, et *patène* est synonyme de Disque du Soleil,
e de, *en* lumière, soleil, *pat* la science, l'origine, le signe, l'indication, l'indice, l'image, la représentation.

Le cri d'allégresse qu'on poussait en agitant les Rameaux ou **Hosanna.**
Palmes était HOSANNA, et *Hosanna* veut dire Lumière éclatante
et miraculeuse, *anna* extraordinaire, merveilleuse, pure, claire,
hos lumière, et le Soleil est appelé Seigneur de l'allégresse.

L'Arbre se reproduit toujours, le Soleil renaît sans cesse, mys- **Buis.**
tères que renferment les noms d'HESUS[1] et de JESUS, *us* toujours,
perpétuellement, sans cesse, *hes*, *jes* arbre, feu, soleil, voilà pourquoi les Prêtres d'Hesus sacrifiaient au Culte des Arbres et du Feu,
et voilà pourquoi les Prêtres de Jesus chantent les louanges
du Seigneur sous les noms de Lumière et de Soleil, et font la bénédiction du Feu et des Rameaux, et si ces Rameaux sont chez nous,
ceux toujours verts de l'Arbre nommé BUIS autrefois Bouis, c'est
parce que *Bouis* indique la Jeunesse, la Reproduction ; *is* qui est,
bu la force, la verdeur, la jeunesse, la reproduction, c'est le Principe de Vie comme Hesus et Jesus.

Ajoutons que AN de là notre mot An, année, tout en signifiant
cercle, vie, existence, respiration, en sanscrit *ana* respirer, est
synonyme de *us*, perpétuel, aussi Rabelais ne s'y trompait pas en
disant ANE pour AME, An-e qui est la continuité, la perpétuité,
aussi Jesus symbole du Christianisme, et selon l'usage des Juges,
dit le cantique de Débora, est-il monté sur l'Ane, Perpétuité du
Christianisme ; Ame ayant la même signification que l'Ane de
Rabelais, AM[2]-E qui est la continuité, la perpétuité, l'Éternité,

---

1. ESUS était aussi le Symbole de l'Abondance, c'est pourquoi dans le latin de
Pline, le mot ESUS signifie aliment en général, le manger, l'action de manger.
2. AM syncope du Sanscrit AUM.

et ce qui est Éternel étant à nos yeux Immortel, voilà comment nous avons pu dire Immortalité de l'Ame.

Et faisons observer encore que cette même syllable AN, précédée de n'importe quelle consonne, renferme tout ce qui, par les Rites, relie l'Homme à la Divinité; c'est ainsi que *Ban* signifie Saint, *Can* Offrande et Sacrifice, *Dan* Sacré, *Fan* Lumière, *Gan* Panégyrique et Parabole, *Han* et *Jan* Chants Mélodieux, *Lan* Église, *Man* Pierre, Autel et Idole, *Nan* Temple, *Pan* Dieu, *Ran* Mystère, *San* Saint, *Tan* Feu et Arbre, et *Van* Prière.

Aux premiers siècles du Christianisme les adversaires des Nazaréens prétendaient qu'ils adoraient le Soleil; et Saint Justin qui était de Sichem en Samarie, dans son apologie à l'Empereur Adrien, disait : « le jour du Soleil, ceux qui demeurent dans la « ville ou à la campagne se réunissent dans un même lieu, et « lorsque le temps nous le permet, nous lisons les écrits des « Apôtres et des Prophètes. Le plus souvent nous nous réunissons « le jour du Soleil, parce que c'est le jour dans lequel Dieu com- « mença la Création du Monde, où Jesus-Christ ressuscita et « apparût à ses Disciples pour leur enseigner ce que nous vous « exposons. »

Nous avons vu comment les Sectateurs de l'École Essenienne célébraient la RÉSURRECTION[1] de Jesus — la Vraie Lumière, — à l'époque où les Prêtres de Mithra[2] avaient coutume de célébrer leurs Mystères de l'Équinoxe du Printemps, c'est-à-dire de la **Temps de Pasques.** Résurrection du Soleil, et le Saint Jour de Pasques, signifiant transition de la Lumière, traversée des Ténèbres, et action de faire fructifier et de ramener la nourriture sur la terre, étant le jour également consacré par le Culte du Feu, alors dès la veille de ce Saint Jour, le Prêtre Chrétien fait chanter par ses Choristes la Litanie commençant par KYRIE ELEISON[3] qui veut dire : Lumière Accomplie, Vraie Lumière ; *on* lumière, *eleis* accomplie, *ie* vraie, *kyr* lumière et finissant par : AGNUS DEI, c'est-à-dire qui est la Lumière Divine ; et pendant cette Litanie, de même qu'à Rome,

---

1. RESURRECTION, '*rec-tion* la toute divine lumière, *sur* assurée, garantie, *re* de nouveau, itérativement.

2. MITHRAS en Sanscrit, Soleil et Ami.

3. CHRIS ou KRIS signifie Cercle et Ciel, et KREISTE en breton signifie Midi, c'est-à-dire le Soleil à son point le plus élevé.

vers cette époque, on allumait un Feu Nouveau sur l'Autel de
Vesta , le Célébrant bénit le Nouveau Feu dans le vestibule de
l'Église ou dans la Sacristie, jette de l'Eau bénite sur le feu et sur
des grains d'Encens et encense trois fois les cinq grains d'encens
mis dans cinq trous pratiqués au Cierge Pascal qui figure Jesus-
Christ ressuscité , représenté aussi par l'Huile Sainte , et des
Lecteurs lisent diverses leçons où il est question de la Création du
Ciel et de la Terre, du Déluge et de la Lumière, *dixit que deus*
FIAT LUX *et facta est lux.*

Alors le Saint Jour de Pasques étant arrivé, vers cinq heures
du matin, c'est-à-dire à l'Heure du Lever du Soleil, on fait la procession de la Résurrection, et le Prêtre Chrétien dit : « c'est ici
« le Jour que le Seigneur a fait, passons-le dans des transports
« de joie. »

Le Lundi de Pasques il ajoute : « bénissons celui qui est élevé
« au-dessus des Cieux, son nom est le Seigneur[1]. »

Le Mardi de Pasques — « grâces soient rendues à Dieu le Père
« qui nous a arrachés de la Puissance des Ténèbres[2]. »

Le Dimanche de l'Octave de Pasques — « publiez les Grandeurs
« de Celui qui vous a appelés des Ténèbres à son admirable
« Lumière. »

Et alors comme tout pousse, comme la vie renaît, que la nature
reverdit et que l'abondance reparaît, le Prêtre dit aux Fidèles
le deuxième Dimanche après Pasques — « l'Agneau de Dieu
« mènera son Troupeau dans les Pâturages. »

Cette Eau que le Prêtre Chrétien vient de jeter sur le Feu Nouveau est l'Eau qu'il vient de bénir solennellement après en avoir
chassé le Démon, c'est-à-dire après avoir Exorcisé le Sel et l'Eau
séparément et les avoir mêlés l'un et l'autre en disant : « que le
« Mélange du Sel et de l'Eau soit fait au nom du Père et du Fils
« et du Saint-Esprit. »

L'Eau et le Feu étaient considérés dans les Anciennes Religions,
où il n'existait non plus aucun Temple sans eaux et sans feux
salutaires, comme des Agents purifiant les Ames après avoir

---

1. SEIGNEUR, *neur, nur, nor* bienfaisant et puissant, *seig, sig* Rayons et traits de
lumière; *neur, nor* source et ouverture, *seig, sig* rayons de lumière.

2. TÉNÈBRES, *bres* brisure, fracture, défaut, tache, opacité, *e de, ten* clarté, feu,
lumière; *bres* feu, ardeur, *tene* amoindri, languissant.

purifié les Corps et lavé leurs souillures ; et c'est aussi une espèce d'exorcisme que pratique le pieux Indien murmurant sans cesse le mot Oum, équivalant à *Amen*, première parole proférée par le Créateur, dans laquelle Brahma découvrit l'Eau et le Feu primitif.

Ce mélange fait par le Prêtre Chrétien est sans nul doute en l'Honneur de la Divinité : ce Sel mélangé est la substance obtenue par l'évaporation de l'eau de la mer, et cette évaporation s'est opérée par le seul secours du Soleil auquel le Prêtre continue de rendre Hommage. *Sel* signifie mer et écume, Soleil et Feu ; de là *Selad* en chaldéen échauffer et brûler, et nous devons faire observer que les Grecs appelaient Sel Indien le Sucre produit par la plante que nous nommons aujourd'hui canne à sucre, laquelle est originaire de l'Inde, et dont la Liqueur passée et coulée sur un filtre n'était point étrangère aux Libations du Saint Sacrifice des Aryas.

Légende Celtique. TALIESIN est la personnification du Druidisme comme JESUS est le Christianisme fait Homme, et il n'est peut-être pas sans intérêt de mentionner ici la vieille Légende Celtique rapportée par M. le Vicomte de la Villemarqué dans son livre remarquable, *les Bardes Bretons*.

Un puissant Chef avait un fils nommé ELFIN à qui rien ne réussissait, ce dont son père s'affligeait beaucoup, il lui confia pour une année le soin d'une pêcherie au bord de la mer afin de voir s'il pourrait en tirer avantage.

La première fois qu'Elfin alla visiter la pêcherie, il n'y trouva pas le plus petit poisson, quoiqu'à cette époque de l'année, au 1er mai, on en prit toujours en grand nombre; il s'en revenait donc tristement quand il aperçut échoué sur l'empellement d'une écluse un objet qui sembla une outre, Elfin et l'Éclusier s'en approchèrent et voyant que c'était un berceau d'osier recouvert de cuir ils en ôtèrent le couvercle, mais quel fût leur étonnement ! dans le berceau dormait un petit Enfant beau comme le jour, qui ouvrit les yeux en leur tendant les bras.

Oh ! Taliesin ! Taliesin, s'écria l'éclusier, ce qui veut dire : quel front rayonnant.

TALIESIN ! répéta Elfin, en prenant l'enfant dans ses bras que ce soit donc son nom !

Or, voici que l'Enfant se mit à chanter :

Cesse de pleurer, cher Elfin, disait-il, quoique petit, je suis merveilleusement doué ; de l'abime des mers, du haut des montagnes et du fond des fleuves, Dieu envoie le bonheur à l'homme, tu ne seras pas toujours malheureux. Tout faible et tout petit que je suis, au jour de l'infortune, je te serai plus utile que trois cents saumons, bien que je sois ainsi couché, sans force dans mon berceau, ma langue possède une vertu, tant que je te posséderai, tu n'auras pas grand'chose à craindre.

Elfin cessa donc de pleurer sa mauvaise fortune, et il arriva à la maison.

Et son père lui dit : hé bien ! qu'as-tu pris ?

— Ce qui vaut mieux que du poisson.

— Quoi donc ?

— Un Barde.

— Est-tu en état de parler, petit comme tu es, dit le Prêtre étonné.

— Plus en état de parler que toi de m'interroger, répliqua le Barde.

Et il se mit à chanter : « Toute la science du monde habite dans mon sein, je sais Tout ce qui a été, Tout ce qui arrivera.

Or Elfin donna une tendre nourrice à l'Enfant, et depuis le jour où Taliesin entra dans la demeure de son Patron, elle prospéra de plus en plus chaque année pendant treize ans qu'il y passa.

L'enfant parle, chante et prophétise, il connaît le passé et l'avenir, il promet le bonheur aux déshérités du Monde, il le leur apporte, il les console, sa présence ranime la joie dans les cœurs et tarit les larmes sous le toit hospitalier qui l'accueille ; il y entre le premier jour du mois de Mai avec le Soleil du Printemps, avec les haleines des fleurs, c'est le Chef général des Bardes d'Occident; de protégé, Taliesin devient Protecteur, de libéré, Libérateur.

Comme il arrivait à sa quatorzième année, son patron fût invité à une grande fête que donnait dans le temps de Pasques le Roi Maelgoun de Gwened, et parmi les questions que s'adressèrent les uns aux autres les conviés, étaient celles-ci :

« Y a-t-il au monde un plus grand Roi que Maelgoun, ou qui ait
« une Reine plus accomplie, des guerriers plus vaillants, de plus
« beaux coursiers, des levriers plus rapides, des Bardes plus habiles
« ou plus sages ? »

Or, dans ce temps là — continue la Légende, — les Bardes étaient en grande faveur près des Grands du Royaume, et il y en avait vingt-quatre à la fête dans le Palais de Maelgoun et leur chef s'appelait le barde HEININ ; quand ils eurent cessé de faire l'éloge du Roi et de ses largesses — « en vérité, dit Elfin, nul autre qu'un Roi ne saurait entrer en contestation avec un Roi, mais puisqu'aucun Roi n'est en cause, je dirai que ma Femme est aussi vertueuse qu'aucune autre Dame du Royaume, et de plus que j'ai un Barde plus habile que tous les Bardes du Roi. »

Elfin est jeté en prison et il y restera jusqu'à ce qu'il prouve ce qu'il a avancé touchant les qualités supérieures de sa femme et la sagesse de son Barde. Les vertus de l'épouse d'Elfin furent aisément constatées grâce aux enchantements de Taliesin, et quant à l'habileté du Barde, il la démontra aux Bardes de Maelgoun, voici comment :

Il se rendit à la Cour, un jour solemnel où le Roi recevait les hommages des Grands, et entrant dans la salle du festin il se blottit dans un coin obscur près d'un endroit où les Bardes avaient coutume de passer quand ils allaient présenter leurs hommages au Roi, et au moment où ils passèrent suivant l'usage, le Barde Enfant[1] leur fit la moue et portant l'Index sur la lèvre inférieure il se mit à faire: BLEROM, BLEROM avec son doigt; aucun des Bardes n'y prit garde, mais quand ils furent debout devant le Roi pour lui rendre hommage et chanter, ils ne purent rien, hormis faire la Moue au Roi et Blerom, Blerom avec le Doigt sur leurs Lèvres à l'exemple de Taliesin.

Le Roi les crût ivres et leur fit dire par un de ses officiers de se taire jusqu'à ce qu'ils eussent rappelé leurs esprits, mais ils n'en continuèrent pas moins de faire Blerom, Blerom ; alors il leur ordonna de sortir et comme ils hésitaient il fit fustiger leur chef avec une verge de genêt.

Se relevant et se traînant sur les genoux jusqu'aux pieds du Roi, le Barde Heinin lui parla ainsi : « ô Roi, sache votre grâce que ce « n'est point par suite d'un excès de boisson que nous nous trou- « vons empêchés, mais par un Esprit qui se tient dans le coin de « la salle sous la figure d'un Enfant. »

---

1. A l'imitation du Brahma Indien qui sous la forme d'un Enfant tient son pouce dans sa Bouche.

Entendant ces paroles, le Roi fit venir devant lui Taliesin et lui demanda qui il était et d'où il venait, sur quoi l'Enfant lui répondit :

« Je suis le Chef des Bardes d'Elfin, et ma Terre natale est le « pays des Étoiles de l'Eté ; je suis un Être merveilleux dont l'ori-« gine est inconnue, je suis capable d'instruire l'Univers. »

Il ajouta qu'il avait subi mille transformations par la métempsycose, qu'il existait depuis le commencement du Monde, qu'il avait assisté à toutes les révolutions du Globe et qu'il vivrait jusqu'au jour du Jugement dernier.

Quand le Roi tout émerveillé sût qu'il était le Barde d'Elfin, il fit signe à Heinin, le Chef et le plus Sage de ses Bardes d'entrer en lutte avec lui, mais Heinin ne put comme précédemment faire autre chose, sinon Blerom, Blerom sur ses lèvres, et Maelgoun ayant ordonné à chacun de ses vingt-quatre Bardes de chanter, ils ne purent faire autre chose aussi.

— Et que veux-tu donc, enfant, demanda le Roi à Taliesin ?

— L'Enfant répondit : « je veux essayer de disputer le prix du « chant à ces misérables Bardes, je veux réparer les pertes que « j'ai faites depuis qu'Elfin est prisonnier dans le château de « DEGANWY ; je veux gagner le siége Bardique dans le château « de Deganwy, soutenu par ma muse, je suis fort, là où je suis, « ni pierres, ni chaînes de fer ne peuvent tenir contre moi, « je veux moi, Taliesin, Chef des Bardes de l'Ouest, je veux dé-« livrer Elfin de ses fers dorés. »

Or, tandis qu'il chantait ainsi près de la porte du palais, une trombe de vent si furieuse s'engouffra dans la salle que le Roi et ses Nobles crûrent que le château allait s'écrouler sur leur tête, et Maelgoun fit sortir en toute hâte Elfin de sa prison, et on le conduisit à Taliesin, et le Barde aussitôt chanta un Chant si beau que les chaînes d'Elfin tombèrent d'elles-mêmes.

Cette Légende Celtique dont l'événement a lieu vers la grande Fête de Pasques, c'est-à-dire à l'époque du retour du Printemps, au moment du réveil de la Nature qui, demeurée engourdie ou inerte pendant les six derniers mois, va ramener les richesses et l'abondance, est une charmante fiction du Mystère de l'Équinoxe et de la Renaissance du Soleil.

TALIESIN c'est le Signe de la Nouvelle Lumière, celle qui s'avance ; *esin* lumière, soleil, *i* en, *tal* avancement, partie antérieure.

ELFIN c'est la terre et tout ce que contient l'Élément ; *fin* terre, terrain, en franche-comté on dit encore *fin* pour sol, *el* tout entier, de là *elfen* en gallois, et *elfenn* en breton élément, et *elfydd* élément de la terre.

MAELGOUN c'est le Souverain Maître, le remarquable et généreux dispensateur ; *gwn* bon et illustre, *mael* maître, chef, dispensateur.

GWENED exprime les richesses et l'abondance ; *ed* abondance, *gwen* profit, gain, richesses.

HEININ c'est l'image de l'Ancienne Lumière, celle qui va s'éteindre ; *in* lumière, *hein* vieux, décrépit, malade, éteint.

BLEROM indique le moment de la transition et a deux significations opposées ; — *rom* force, *ble* usé, qui s'en va, languissant, — *rom* force, vigueur, *ble* puissant, qui s'accroît.

Et DEGANWY c'est le Soleil bienfaisant et qui fertilise ; *wy* lumière, soleil, *degan* pur, brillant, fertilisant, doux, bienfaisant, qui trône, qui préside.

Donc, la terre entière (Elfin) est conviée à la grande fête que donne dans le temps de Pasques, c'est-à-dire de l'Equinoxe du Printemps, le grand Dispensateur (Maelgoun) des richesses et de l'abondance (Gwened). Maelgoun met aux prises la Lumière qui s'avance, (Taliesin) et la Lumière qui s'éteint (Heinin) — Blerom, ma force s'en va, dit Heinin. — Blerom, ma vigueur s'augmente, dit Taliesin — une trombe de vent, un grand effort se fait, — l'Univers (Elfin) qui se trouvait alors comme enchaîné, voit s'ouvrir devant lui les portes du palais de Deganwy, la Lumière qui brille et qui préside par sa pureté, sa bienfaisance et sa fertilité — et le Mystère est accompli.

Les Pêcheurs et les Poissons, le Berceau, le petit Enfant beau comme le Jour, le mois de Mai qui est le mois de Marie, le bonheur promis et apporté aux deshérités du Monde qu'il console, ce don d'Immortalité, ces menaces contre les Oppresseurs des Petits et des Malheureux et cette Femme vertueuse, ne font-ils pas partie de l'histoire légendaire de Jesus, Lumière de Lumière, et de sa Divine Mère la Vierge Marie, et pourtant la Légende d'Elfin est du Bardisme Druidique, un Fruit de l'Arbre Celtique.

Processions.   Les Processions qui jadis se mettaient en marche pour conjurer le courroux de Minerve et pour rendre hommage dans Éleusis à celle qui avait enseigné aux Hommes la Culture du Blé, se

déployèrent en l'honneur du Dieu Moteur, et les Rogations furent
adoptées par les sectateurs esseniens.

ROGATION a les significations de — Concours de peuple en marche;
tion assemblée, concours de monde, *a* en, *rog* file, rang, chemin,
route, marche, voyage ; — Secours et protection pour l'avenir au
moyen de Prières ; *tion* protection, secours, *a* pour, *rog* après, à
venir ; *tion* secours et assistance, *a* à cause de, *rog* prières. Rogation vient du gaulois latinisé, *Rogare* qui signifie Prières dans les
Champs et autour de l'Autel pour les Biens de la Terre — *are* quantité, *rog* prières, demandes — *ar*[1]-*e* autour de l'autel ; de là le
latin *ara* autel, *rog* prières — *ar-e* dans les champs ; de là *ar* terre
en basque, champ en étrusque, et fruit de la terre en islandais ; de
là *ar* en gallois labourage, *ara* en basque labourer, *arat* en breton,
aro en latin, *aria* en islandais, *arian* en gothique, et *aroun* en
grec labourer, et *aroy* en vieux français charrue, *rog* prières.

Et, alors à la Procession du Lundi des Rogations le Prêtre Chrétien et les Fidèles répètent l'Évangile selon Saint Luc. « Demandez
« et vous recevrez, cherchez et vous trouverez, frappez et l'on
« vous ouvrira, car quiconque demande reçoit et celui qui cherche
« trouve, et l'on ouvrira à celui qui frappe ; — à la Procession du
« Mardi : « Dieu de bonté soyez propice à votre Peuple, à qui vous
« avez accordé de participer à cet auguste mystère ; — et à celle
« du Mercredi : « protégez votre Peuple, Seigneur, et ne cessez
« pas de soutenir par votre Grâce ceux qui vous offrent humble-
« ment les Dons qu'ils ont reçus de vous. »

Et durant ces Trois Jours il se mêlait autrefois à la récitation des
Litanies de ces Pratiques qui provenaient des Anciennes Religions,
comme de suspendre des guirlandes de fleurs aux Maisons et aux
Églises, d'exposer soit en réalité soit d'une manière figurée des
mets et des légumes, des œufs, des vases d'eau, de vin, d'huile,
de lait, et les femmes plaçaient sur les balcons des poupées
en chiffons dans l'espoir d'obtenir une heureuse délivrance et
d'élever leurs enfants sans accident sinistre.

La Rose chez les Anciens brillait dans les Pompes Sacrées et
dans les Fêtes Publiques ; les Grecs et les Romains entouraient

---

1. Les Autels étant anciennement des Pierres, on les appela comme les pierres,
ar, *ara*, et dans la suite les hommes ayant choisi quelque Pierre Élevée pour
Sacrifier, on les appela *altare ar-e* qui est la pierre *alt* haute, élevée.

de guirlandes de Roses les Statues de Venus, d'Hébé et de Flore, et les Indiens avaient la Fête du *Goul-Ryse* ou de la profusion des Roses, ils rendaient ainsi hommage au Soleil qui les fait éclore : la Religion Chrétienne conserva l'usage des Roses dans la solemnité de la Fête-Dieu ; ce sont les Roses effeuillées qui se mêlent dans l'air aux parfums des encensoirs dirigés vers le Saint-Sacrement que Chateaubriand nomme l'Image du Soleil éternel.

Le Dimanche avant l'Ascension qu'on appelait le Dimanche Rose, le Pape bénissait une Rose qu'il envoyait à des Princes et à des Grands. Rose a ces différentes significations : *ros-e* qui est l'éclat, la pompe, la solemnité, l'ostentation, la grâce, l'action de grâce, le cercle, la flamme, la lumière, la clarté, et indique aussi l'absolution et la bénédiction.

Suivant un ancien usage, Ducs et Pairs de France qui avaient leur Pairie dans le ressort du Parlement de Paris, fussent-ils, Fils de France et Roi de Navarre, devaient Trois fois par an, présenter en grande cérémonie une corbeille de Roses aux Membres de cette Cour de Justice. *Rose* qui indique la lumière, la clarté marque aussi la science, la justice, enfin la Rose est la récompense de la Sagesse dans la Fête des Rosières car *rose* signifiant Clarté signifie en même temps Pureté et Chasteté.

Pan.   PAN, le Pavan Indien, était un Dieu de première classe chez les Égyptiens qui donnaient à ses Images la face et les pieds de la chèvre et du bouc et adoraient sous ce Symbole le Principe de la Fécondité de la Nature ; on lui mettait des Cornes sur la tête, pour marquer disent les Mythologues, les Rayons du Soleil. La vivacité et le rouge de son teint expriment l'Éclat du Ciel, la peau de chèvre étoilée qu'il porte à l'estomac, les Étoiles du firmament, et ses pieds et ses jambes hérissés de poils désignent la partie inférieure du Monde, la terre, les arbres et les plantes. On croyait qu'il avait accompagné Osiris dans son expédition des Indes. Il était principalement honoré en Arcadie et l'on célébrait en son honneur les Lupercales, fête qui dans la suite devint très-célèbre en Italie où Évandre avait porté le Culte de Pan. Les Grecs disaient qu'il avait découvert à Jupiter le lieu où Cérès s'était cachée après l'enlèvement de Proserpine.

Lupercales.   Les Lupercales se célébraient en Février. Dans le commencement les Acteurs de ces Fêtes se divisaient en deux troupes

qui se ceignaient de peaux de bêtes immolées et allaient çà et là
folâtrant les uns avec les autres; dans la suite c'étaient des jeunes
gens qui couraient tout nus tenant dans la main des courroies dont
ils frappaient tous ceux qu'ils trouvaient sur leur chemin. Ces
cérémonies faisaient l'amusement du Peuple.

Pan signifie Arbre, Feu, Lumière, cercle, la nature, Dieu et
TOUT en général, de là *pan* Dieu en cophte, et *pana* Seigneur
en suédois.

LUPERCALES exprimant : — Lumière sublime au-dessus de
toutes, — *es* au-dessus, *cal*[1] la généralité, *luper* sublime lumière —
puis, Arbre source de la science, *es* qui est, *cal* le bois, l'arbre,
per source, *lu* science et lumière, — veut dire aussi: empor-
tements ridicules, et coups sur la peau, *es* sur, *cal* la peau,
per coups, colère, emportement, *lu* honteux, ridicules — et
Masques sur la figure, *es* qui est, *cal* la peau, le visage, *er* avec,
lwp masque, déguisement.

Et César Cantu, dans son Histoire universelle, dit que la
Chandeleur fût substituée aux Lupercales d'Évandre ou à la
Fête de Cérès pendant laquelle on allumait des flambeaux pour
chercher Proserpine.

Dans la Liturgie Romaine cette Fête de la Chandeleur est aussi
nommée fête de la Présentation de Notre-Seigneur au Temple
et de la Purification de la Vierge, et ce jour là, 2 Février,
jour où les Mages célébraient la Fête du Feu, il se fait une
Procession où tous les assistants portent des Chandelles de cire
ou des Cierges.

CHANDELEUR signifie, Lumière dans le Cercle et dans le Temple,
lumières éclatantes et lumières en grand nombre, *leur*, *lwr*
lumières, *e* dans, *cand*, *chand* le cercle, l'édifice ; *leur* lumières,
chand-e qui sont éclatantes ; *leur* lumière, *chand-e* en grand
nombre, mais Chandeleur marque également le sens significatif
de Lupercales et nous montre l'Image du Dieu Pan, Homme et
Dieu tout tortu, — *eur*, *wr* homme et Dieu, *del* aller, marcher,
chand-e en cercle, tortuosité, *leur* pied, jambe, *chand-e* en
cercle, — Tout en abondance, *leur* tout, *chand-e* en abondance, —
coups sur la peau, *eur* grands, *del* coups, blessures, *chan* peau.

*Chandeleur
ou
Purification.*

---

1. En hébreu, en chaldéen, en syriaque et en arabe, *cal* TOUT; la généralité.

Et la CHANDELEUR qui précède immédiatement le CARNAVAL[1] précédant lui-même le CARÊME[2] exprime aussi : Masques et changement d'habits, *eur*, *wr* homme, *del* masque, gestes et changement, *chan* habits, vêtements.

Et PURIFICATION indique la projection et la rencontre dans le ciel de la Lumière sans tache, *tion* projection, rencontre, *a* dans, *fic* le cercle, le ciel, *pur-i* lumière pure, sans tache, — et de plus la Divine Protection du ciel, *tion* secours, protection, *ficà* très-haute, divine, *pur-i* du ciel, du feu, de la lumière, et suivant l'abbé Massard cette Fête de la Purification est encore appelée chez les Grecs d'un mot Barbare qui veut dire Rencontre.

Nous avons vu au chapitre précédent, l'institution de la Fête de la Pentecoste, cinquante jours après l'Équinoxe du Printemps ; c'est le temps pendant lequel l'action vivifiante du Soleil prépare et féconde les Dons de la Vierge Moissonneuse dont la troisième Fête se célébrait le 15 Août date de la Fête Chrétienne de l'Assomption. Alors dès la veille de la Pentecoste, le Prêtre dit à l'offertoire: « envoyez votre Esprit et il se fera une Création Nouvelle et vous « renouvellerez la face de la Terre, » — et le Saint Jour de cette Solennité le Prêtre répète aux Fidèles chantant le *Veni Creator* : « Venez, Esprit-Saint, et faites luire sur nous du haut du Ciel « un Rayon de votre Divine Clarté, venez Père des Pauvres, « venez source des Dons ineffables, au milieu des travaux vous « calmez nos inquiétudes et vous essuyez nos larmes. Nous vous « supplions Seigneur de sanctifier les Dons offerts à votre Divine « Majesté. De quelle abondante Récolte vos premiers travaux ne « sont-ils pas suivis. — Descendez du haut des Cieux, Divin « Esprit, Père compatissant des Pauvres et de la Fécondité ; de

---

1. CARNAVAL, *wal* fêtes, féries, joies, réjouissance, *na* entre, *car* parents, amis de là *car* en breton ami, parent, *caraid* en irlandais ami, camarade, *caro* ami en espagnol, *kaar* ami en flamand, et de *car* est venu notre mot caresse, démonstration d'amitié. — *Val* abondance, satiété, *a* de, *carn* viande, de là le latin *carnarium* boucherie.

2. CARESME, CARÊME, *ême* fin, limite, delà en irlandais *ême* bord, *car* viande, nourriture, de là *car* en breton viande, nourriture, aliment. — *Esme* semblant, apparence, de là en breton *esman* apparence, semblant, *car* nourriture, de là *car* en gallois aliment en général et *caro* en latin viande. — *Esme* repos, relâche, interruption, *car* réjouissances, de là *carauder* se réjouir et *caraudes* réjouissances en vieux français, *car* bon repas et mascarades, de là *carrousse* en vieux français grande, chère et *car* en breton visage, *cara* dans un anc. gloss et *car* en vieux français visage, *cara* en espagnol face, mine, visage.

« votre sein répandez sur la Terre, les Biens qui lui ont été
« promis. » — Et le Mardi de la Pentecoste : « Venez à moi,
« vous tous qui me désirez avec ardeur et Rassasiez-vous des
« Fruits que je porte. Je suis venu afin que mes Brebis aient
« la Vie et qu'elles l'aient avec Abondance. »

Aux Mois de Juillet et d'Août, Jesus est le Soleil qui brille,
la Lumière Éternelle, et le Prêtre Chrétien que les Bretons
nomment encore BELEC, *ec* qui possède et qui est avec, *bel* la
Lumière, le Soleil, dit aux Fidèles, dans la Solemnité du Deux
Juillet : « ô Soleil, qui descendez des Cieux pour nous visiter,
« Soleil qui ne devez pas vous éteindre. » — Le 25 Juillet :
« Jesus prit avec lui Pierre, Jacques et Jean, et monta sur une
« montagne, il fût transfiguré devant eux et son Visage devint
« brillant comme le Soleil. » — — Et le 6 Août : « vous vous
« êtes revêtu de gloire et de Majesté, Seigneur, une Lumière
« éclatante vous Environne de toutes parts. Seigneur, mon Dieu,
« vous avez fait connaître votre Grandeur d'une manière bien
« Éclatante. Sur le sommet de la Montagne Sainte, le Christ
« a Brillé comme le Soleil. »

Les Prêtres anciens avaient la possession exclusive des sciences
parmi lesquelles la prédiction des Phénomènes Célestes tenait
le premier rang, aussi Julius Fermicus nous apprend-il que
même les Adeptes prêtaient serment de ne point communiquer
les Principes ; le Secret était rigoureusement recommandé aux
Initiés du Paganisme, ceux qui révélaient les Mystères étaient
considérés comme des Infâmes et des hommes dangereux, et
les Chrétiens étaient obligés d'observer un pareil Secret pour
les Mystères de la Trinité et de l'Eucharistie.

Avant la célébration des Mystères du Paganisme, lesquels
tendaient surtout à la sanctification des âmes, un Héraut faisait
sortir les Profanes en criant : loin d'ici les Profanes, les Mystères
vont commencer : sans se pénétrer de cette idée que le secret
sert d'aliment à un grand nombre d'erreurs et la fraternité jurée
dans les ténèbres à de graves abus, les Chrétiens au moyen-âge
avant la célébration de leurs Mystères employaient dans le même
cas la même formule. Saint Chrysostôme dit : « Quand nous
« Célébrons les Mystères nous renvoyons ceux qui ne sont point
« initiés, et nous fermons les portes. » Un Diacre criait : « Loin

*Célébration
des
Mystères.*

« d'ici les Profanes, les Mystères vont commencer, » — ou bien :
« les Choses Saintes sont pour les Saints, hors d'ici les Chiens. »

Fêtes ecclé-siastiques. Au moyen-âge, d'autres Fêtes dites Ecclésiastiques accompagnaient le Culte de Jesus. A Paris, notamment dans l'Église Notre-Dame, on célébrait la Fête des Sous-Diacres qu'on nommait aussi la Fête des Diacres-Souls, la Fête des Fous, la Fête du Renard, la Fête de l'Ane, la Fête des Innocents, la Fête des Sots, la Fête de l'Abbé des Conards et la Fête de l'Abbé des Esclaffards.

Fête des Sous-Diacres. La Fête des DIACRES-SOULS ou des SOUS-DIACRES avait lieu le 26 Décembre ; c'était le prélude de la Fête des Fous dont la célébration commençant le Premier Janvier se continuait jusqu'au 6, jour de l'Épiphanie et de l'ancienne fête d'Osiris. Dans la Fête des Sous-Diacres on élisait parmi les Diacres et Sous-Diacres de la Capitale un Évêque des Fous ; on le bénissait et cette cérémonie consistait en actions et en paroles que Dulaure appelle grossières et ridicules ; ensuite le Clergé s'avançait processionnellement vers l'Église, portant la Mitre et la Crosse devant le nouvel élu, qui, arrivé et installé sur le Siége Épiscopal, donnait avec gravité sa Bénédiction aux Assistants.

Fête des Fous. Le Premier Janvier le Clergé allait en procession chez l'Évêque des Fous, le conduisait solennellement à l'Église où son entrée était célébrée par le tintamarre des Cloches. Alors commençait la Grand'Messe où le grand Aumonier s'écriait : « Monseigneur « l'Évêque vous souhaite de la part de Dieu Notre Sauveur le « Mal de Rate et un Panier de Pardons avec la Gale en Masse. » Et alors de même que chez les Indiens lors de la solemnité de Holi qui se célébrait au commencement de l'Année, en jettant de la boue à tous les Passans, avec des orgies de la plus grande obscénité, des peintures et des figures d'une grossière indécence, commençaient aussi les actions les plus extravagantes et les scènes les plus scandaleuses ; les Écclésiastiques figuraient sous divers costumes, les uns vêtus en habits de Baladins, les autres en habits de Femmes. Leur visage était barbouillé de suie ou couvert de Masques hideux et barbus, et ces Fêtes ou Mascarades dans lesquelles on représentait aussi des Faunes que les Chrétiens appelaient Diables étaient nommées Barboires et Barbatoires.

Alors les Écclésiastiques au milieu du chœur, se livraient à
toute espèce de folies et de désordres, les uns y dansaient, sau-
taient, d'autres pendant la célébration de la Messe venaient sur
l'Autel même jouer aux dés, y buvaient, y mangeaient de la
soupe, des boudins, des saucisses, les offraient au Prêtre célébrant sans les lui donner, faisaient brûler, dans un encensoir, de
vieux souliers et le forçaient à en respirer la fumée ; après cette
Messe, les désordres, les extravagances, les profanations prenaient
un nouveau caractère de gravité, les Ecclésiastiques enhardis
par l'usage et par les fumées bacchiques, se livraient au délire
d'une joie grossière et bruyante et offraient l'image des fêtes d'Isis
et des Antiques Saturnales qui s'étaient célébrées à la même
époque; des sauts, des danses lascives, des luttes, les gestes de
la luxure, les cris, les chansons obscènes étaient les principales
actions de cette orgie Ecclésiastique, mais n'en étaient pas les
seules ; on voyait des Diacres, des Sous-Diacres enflammés par
le vin, se dépouiller et se livrer entr'eux aux débauches les plus
criminelles, d'autres chez lesquels la colère avait succédé à la
joie augmentaient le vacarme en se querellant et en se battant,
et il arrivait quelquefois que le sol de l'église était ensanglanté.
Les Ecclésiastiques sortis de l'église se répandaient dans les rues,
assourdissaient les oreilles de leurs hurlements, du son de grelots
et de cloches fêlées ; les uns montés sur des tombereaux et des
carrioles chargés de bouc et d'ordures s'amusaient à en jeter sur
la foule du peuple qui les suivait et marchaient ainsi en triomphe
dans les places et les rues assez larges pour le passage d'un tom-
bereau, d'autres confondus avec des séculiers libertins dressaient
des tréteaux en forme de théâtre et représentaient les scènes les
plus scandaleuses. Des acteurs vêtus en Moines attaquaient d'autres
acteurs vêtus en Religieuses, ces derniers succombaient et alors
on les voyait dans des postures indécentes simuler des actes dont
la publicité est interdite chez tous les peuples civilisés.

A la Fête du Renard, Diacres et Prêtres devaient se montrer
travestis en Renards et chacun laissait passer la longue queue du
mangeur de poules. A Paris le clergé conduisait un Renard vêtu
pontificalement avec la Tiare sur la tête. Comme on mettait des
Oiseaux à la portée du Sire, il oubliait le rôle important qu'il
avait à jouer et se jetait dessus pour les manger.

*Fête
du Renard.*

**Fête
des Anes.**

A la Fête des Anes, une belle jeune Fille placée avec un Enfant dans ses bras, sur un Ane richement enharnaché se dirigeait en procession vers l'Église suivie du Clergé dont quelques membres représentaient le Prophète Balaam, la Sybille et autres personnages; lorsqu'elle était arrivée près de l'Autel, on célébrait la Messe durant laquelle tous les chants du chœur se Terminaient par un braiement. Au lieu de prononcer l'*ite missa est*, l'Officiant se mettait à Braire par Trois fois et les assistants lui répondaient de même, puis on chantait les louanges de l'Ane dans un Hymne bouffon dont le refrain était : « Hez, Sire Asne, car chantez, « belle bouche réchignez, vous aurez du foin assez et de l'avoine « à planter. » Ce chant est conservé dans la Cathédrale de Sens et en tête de l'Office de l'Ane on lit : *lux hodie, lux lœtitiœ*.

**Fête
des Innocents**

A la Fête des Innocents l'office et le chœur étaient livrés à des enfants qui jouaient des scènes burlesques, revêtus d'ornements déchirés et retournés et chantaient des Antiennes comiques devant des livres ouverts la tête en bas.

**Fête
des Sots.**

La Fête des Sots, la Fête de l'Abbé des Conards et la Fête de l'Abbé des Esclaffards avaient aussi des Rites particuliers et se signalaient toutes par des actes que nous trouverions certainement aujourd'hui extrêmement ridicules et scandaleux, mais alors ces choses se faisaient sérieusement, et personne ne riait non plus en Allemagne quand le Prêtre après la Messe d'installation descendait de l'Autel pour prendre sa mère et faire avec elle un Tour de Valse. Cet élément grotesque qui se mariait alors à ce qu'il y avait de plus saint se trouvait reproduit sur le marbre et sur le bois ; les façades des églises, les stalles du cœur offraient des créations monstrueuses et même des détails indécents.

A Évreux, la Procession Noire était aussi une occasion de toutes sortes d'extravagances; on jetait du Son dans les yeux des passants, on faisait sauter les uns par dessus un balai, on faisait danser les autres; plus tard on se servit de masques, les clercs de chœur revenus dans l'Église Cathédrale se rendaient maîtres des hautes chaires, et en chassaient les Chanoines qui allaient jouer aux quilles sur les voûtes de l'église et y faisaient des Concerts et des Danses.

Et si le bon sens s'élevait contre ces Fêtes il ne manquait pas de Docteurs pour démontrer que des Solemnités de ce genre étaient

non moins agréables à Dieu que l'était à Marie celle de l'Immaculée Conception. Aristote, en proscrivant les images obscènes
faisait une exception pour celles des Divinités, et Platon lui-même
qui avait recommandé de fuir l'ivresse ajoutait : à moins que ce
ne soit en l'honneur de Bacchus. Personne du reste n'a accusé
les Acteurs de ces Fêtes Ecclésiastiques de l'intention d'offenser
la Divinité ; on a mis la faute sur la profonde ignorance de cette
époque et sur la corruption du Clergé et du Peuple ; quant à nous,
nous y voyons d'abord les Souvenirs Traditionnels des Fêtes et
Réjouissances Publiques et Religieuses de l'Inde et de l'Égypte,
ensuite l'Équivoque des Mots.

Cette ÉQUIVOQUE DES MOTS ne joue pas le rôle le moins important   Équivoques
des Mots.
dans les Pratiques et Usages Superstitieux ou Religieux de toutes
les époques et de toutes les contrées du Globe ; en voici quelques
Exemples :

Ceux qui avaient des Écrouelles se vouaient à Saint Marcou
parce qu'ils avaient mal au Cou.

Les Goutteux, à Saint Genou ou à Saint Main.

Les Galeux pleins de clous, à Saint Cloud.

Les Femmes qui avaient mal aux Mamelles, à Saint Mammard.

Ceux qui avaient la Teigne, à Saint Aignan.

Ceux qui avaient la Toux, à la Toussaint.

Les Aveugles, à Saint Clair.

Les Cuisiniers choisirent pour patron Saint Just, prononcé
Saint-Jus.

Les Nattiers, la Nativité.

Les Cardeurs à cause de leur Amas de Laine, la Madeleine.

Les Boulangers qui font cuire les Miches, Saint Michel.

Les Paveurs, Saint Roch.

Les Lavandiers parce qu'ils Blanchissent le linge, Saint
Blanchard.

Ceux qui étaient en Langueur s'adressaient à Saint Langueur
près Bar-sur-Aube.

Ceux qui étaient en peine d'Étancher le sang allaient à Saint
Étanche, à cinq lieues de Troyes, et l'on cite qu'un peintre igno-
rant ayant écrit sous son tableau Saint Crampace au lieu de
Saint Pancrace, ceux qui étaient incommodés de quelques Crampes
allaient aussitôt vénérer ce Saint de nouvelle fabrique.

C'est ainsi encore :

Qu'en temps de Sécheresses des prières étaient adressées à
Saint Seine, et qu'une messe était dite au pied d'une croix plantée
à la Source du Saint Patron.

Saint Seine.

Que Saint Medard, placé dans le calendrier à une époque où les
Pluies dans notre climat précèdent presque toujours le solstice
d'été, jouit dans notre pays d'une grande réputation parce que
Medard signifie le Nuage qui fond ; *ard* nuage, *med* qui fond,
qui devient liquide ; *ard* récoltes, fruits, tous les biens de la terre,
med amollis, devenus mous ; *ard* faculté, propriété, *med* devenir
liquide et rendre bon.

Saint Medard

Qu'en Angleterre Saint Swithin remplace Saint Medard parce
que Swithin veut dire pluie subite ; *in* eau, *swith* prompte, sou-
daine ; *in* eau, *swith* qui se détend, qui se répand — et *thin* subite,
prompte, *swi* eau de même que *su*, de là notre verbe *suer*, le flamand *swelen* et l'anglais *sweate*.

St-Swithin.

Que Saint Fiacre est le patron des Jardiniers, parce que Fiacre
signifie Plantes et Arbustes en quantité ; *re* en grand nombre,
fiac, *fiach* arbustes, plantes et fruits.

Saint Fiacre.

Que les Fêtes en l'honneur de ce Saint ont lieu le plus souvent
dans les Bois, parce que Fiacre signifie dans les Forêts ; *re* dans,
fiach bois, forêts.

Et que Saint Fiacre avait le don de guérir des Hémorrhoïdes,
parce que son nom signifie aussi Maladie avec Picotements ; *acr-e*
qui picote, qui aiguillonne — et qui est sale, malpropre ; de là
notre mot *pouacre* (*pw* étant augmentatif), *fi* douleur, de là en irlandais *fi* maladie.

Qu'au sujet de la Transmigration des Ames chez les Indiens,
le Brahmane qui Buvait des liqueurs était changé en Ver, le
voleur de Viandes en Vautour, le voleur de Parfums en Rat
Musqué.

Qu'à Messine on promène le char de la Vierge le 15 août, époque
de la Fête de Cérès, l'Ancienne Vierge Moissonneuse, et qu'à cette
procession on donne le nom de la Varra ou de la Bara, parce que
Varra signifie épis et rayons de soleil, qu'il exprime l'abondance,
le comble en parlant des grains et que Bara[1] veut dire aliment ;

**Fête
de la Bara.**

1. **BARA, VARA,** signifient aussi branches, rameaux, feuillages de là *bara*, *vara*
en espagnol verge, gaule, baguette.

de là *Baraa* faire du pain, et *Barah* en hébreu nourrir, manger et nourriture.

Qu'à Jumièges, dans la Seine-Inférieure, la procession qui a lieu la veille de Saint Jean est appelée Procession du Loup-Vert, parce que *lwp* signifie course, de là *loupho* en theuton coureur, *lopen* en anc. saxon courir, et *wert* descente, déclinaison, qui se retourne, de là notre ancien verbe *vertir*, détourner, et le latin *vertere* et que Loup-Vert est ainsi une Allusion au Soleil dont la Course ascendante est alors terminée sous notre horizon.

Le Loup-Vert

Que d'apres la légende, l'Église de Sainte-Ursule renferme les Os des onze mille Vierges martyres et compagnes de Marie, parce que :

Os des onze mille Vierges.

- Vierge signifie Lumière dans le Ciel ; *e* dans, *erg* le ciel, *wi* lumières.

Ursule la Surface de la Lumière ; *e* de, *sul* lumières et soleil, *ur* la surface, de là *ur* en irlandais, terrain, fonds, et *ur* le plus élevé, de là aussi en irlandais *ur* extrémité.

Et Os receptacle.

Le receptacle des lumières étant le firmament, de là *Osa* en basque les nuages, cette Légende est une allusion aux Étoiles si nombreuses du firmament, lesquelles sont alors les Martyres et les Compagnes de Marie la Vraie Lumière.

Dans un autre ordre d'idées c'est ainsi :

Que l'insecte, qui a subi cette transformation, est devenu sous le nom de Papillon le Symbole de l'Étourderie, parce que Papillon signifie qui agit en folâtrant ; *llon* vivre, provision, action de prendre son repas et de se réjouir, *pap-i* en folâtrant, en volant bas, en voltigeant comme les oiseaux encore faibles.

Papillon.

Que la Plante dite Chelidoine est appelée Herbe aux Hirondelles et que l'Hirondelle est appelée Chelidoine parce que la Plante et l'Oiseau voyageur naissent et se fixent plus particulièrement auprès de nos habitations et que ceci se trouve indiqué par le mot même de Chelidoine, *dwyn-e* niché, fixé, agraffé, accroché, cramponné, *i* dans et sur, *chel* demeures, habitations, cachettes, cavernes, enclos, pierres, etc.

Chelidoine.

Qu'il est de tradition dans nos campagnes que l'Hirondelle porte bonheur au toit sous lequel elle vient attacher son nid, et que sa vie était respectée par les Anciens qui, pour la protéger

Hirondelle.

plus efficacement avaient supposé, dit-on, que lorsqu'on mal-
traitait. ces oiseaux ils faisaient perdre le lait des vaches en leur
piquant les mamelles, parce que Chelidoine signifie aussi qui
porte bonheur, *dwyn-e* qui porte, amène et attire, de là le gallois
dwyn porter, mener, conduire, attirer, *kely* bonheur, protection.
— Et à l'égard de cet oiseau voyageur nous ferons observer que
le mot Hirondelle a une signification autre que Chelidoine. *Hirondelle* nous explique — comment cet Oiseau nous arrive : *le* parmi,
del vaisseaux, antennes, voiles latines, vergues, de là *dele* en
breton vergue, *ron* conduite, direction, *hi* en compagnie, en société,
— et comment il nous quitte, *le* avec, *le* en irlandais a encore cette
signification, *del* descendants, postérité, *on* rivières, mer, *hir* au-
delà, par delà, *hiron* très-loin, de là le breton *hira* plus loin. —
Et nous noterons encore que la supposition des Anciens avait sa
raison d'être dans cette traduction du mot *hirondelle* — *le* en
dehors, de là l'irlandais, *le* dehors et par-dessus, *del* qui pique, de
là en gallois *delor* nom de l'oiseau appelé Pic, *on* mamelle et ma-
melon, *hir* qui s'allonge, de là le breton *hiraa* allonger.

Épervier.　Que l'Épervier était le Symbole de l'Ame, après avoir été celui
du Soleil Éthiopien, parce que Épervier signifie Emblême de la
Pensée; *er* devise, symbole, *wi* âme, vie, existence, pensée,
éper ardente, en ébullition et perfectionnée, et si en égyptien
son nom est Baieth, *baieth* exprime le Cœur et l'Ame, *bai*
âme, *eth* cœur.

Lion.　Que le Lion était l'emblême de l'inondation du Nil et qu'il décore
nos Fontaines publiques comme autrefois les portes des Temples,
parce que Lion outre qu'il qualifie le Roi des Animaux, Roi par
la force et la générosité, signifie aussi — Eau abondante, *on*
abondante, fertilisante, *li* eau, de là le patois de Lyon *liopa* boue
(*opa* épaissie, *li* eau), — et Eau Lustrale ou eau bénite, *li* eau,
on consacrée, c'est ce mot on que l'Égyptien disait sans cesse
comme ayant été la Première Parole proférée par le Créateur
et qui renfermait en elle l'Harmonie Universelle.

Oignon.　Qu'en Egypte, et surtout aux environs de Péluse, on vénérait la
Plante qui était un remède contre une cruelle maladie du genre
de la tympanite ou hydropisie, occasionnée par les exhalaisons du
Lac Serbonite imprégné de soufre et de bitume, et qu'à cette plante
qui figurerait assez bien la Terre et sa stratification par couches

on donna le nom d'OIGNON parce que *oignon* signifie Plante Sacrée, *non* sainte, sacrée, *oig* prononciation de *wig*, plante.

Que le BOUC fécondateur et générateur fût la victime expiatoire immolée par le Pâtre pour le salut du Troupeau, parce que *bwc* qui signifie odeur et parfums, feu et fumée, signifie aussi commencement et fin, temps et durée de la vie.

Bouc.

Que la GENISSE représente la Terre par sa fécondité, parce que *genisse* signifie Origine de Troupeau ; *e* de, *iss* troupeaux, *gen* source, origine — et Fécondité de la Terre, *e* de, *iss* la terre et la multitude, *gen* l'abondance, la fertilité, la fécondité.

Genisse.

Que JANUS est représenté avec deux visages — et que le premier Mois de l'année lui était consacré, parce que *janus* veut dire Face multiple, *us* visage, œil, bouche, etc., *jan* multiplicité et surabondance, — et Jours qui naissent en se succédant, *jan* cause première, naissance et qui multiplie, *us* jour, lumière.

Janus.

Que les DANAÏDES, — Emblème du Soleil qui s'abaisse à l'horizon, *es* lumière, *id* qui est, *dan-a* dans l'abime, le soir, le temps où le soleil baisse, de là *dan* en arabe être bas, et *danan* en éthiopien s'abaisser — sont représentées comme voulant emplir un tonneau sans fond, parce que *danaïdes* a aussi cette signification ; *es* ouverture, *id* qui est, *a* sans, *dan* fond, en breton *danon* le fond.

Danaïdes.

Que les PARQUES sont des vieilles Femmes filant la vie humaine, parce que *parck* signifie Vieilles et respectables, de là *parchus* en gallois et en irlandais vieux et vénérable — et Fil, lanière et tout ce qui a une certaine étendue limitée ou continuée.

Parques.

Que BRIARÉE, Symbole de la Puissance, a cent bras, parce que *briarée* signifie bras à l'infini et puissance qui se renouvelle sans cesse, *are-e* en quantité, à l'infini, *bri* bras ; *are-e* qui est toujours, de là le breton *are* particule itérative et le basque *are* encore, *bri* fort, puissant, grand, etc.

Briarée.

Qu'en parlant des AMAZONES et bien que l'histoire soit assez obscure à cet égard, on est tout d'abord porté à se figurer des Combattantes, des Femmes, parce que *amazones* veut dire : *es* avec, *zon* mérite, distinction, honneur, sainteté et courage, *ama* femme, de là en gallois, en espagnol, en breton, en finlandais *ama* mère, et cependant *amazones* indique tout Combattant quel qu'en soit le sexe, ce qui donnerait raison à quelques historiens,

Amazones.

es avec, *on* flèche, dard, lance et cheval, *amaz* combattre, de là l'irlandais *amaz* mire, visée et attaque.

Abeilles. Que le nom d'ABEILLES était donné aux Prêtresses de Cerès, parce que *abeille* signifie secours et largesses de la nature, *ill-e* abondance, libéralité, largesse, services, secours, *ab-e* de la Nature, du Créateur — et Production du Soleil, *ill-e* produit, production, *ab-e* du Soleil[1].

Dans un autre ordre d'idées encore, c'est ainsi :

Ruisseau St-François. Que le Ruisseau qui sépare la Bretagne de la Normandie et qui porte le nom de Ruisseau Français ou François, suivant l'ancienne orthographe, est appelé maintenant Ruisseau Saint-François par les paysans, depuis que la prononciation du mot *François* en se modifiant leur a ôté le sens qu'ils y attachaient.

Qu'au-dessus de la porte du Collége des Grassins, à Paris, fondé en 1539 pour les Pauvres Ecoliers du Diocèse de Sens on avait mis : Collége des Grassins, fondé pour les PAUVRES DE SENS et qu'on fût obligé de supprimer cette inscription parce que le public croyait que c'était un Hôpital de Fous.

Et quoique bien loin d'être épuisée, nous clorons cette série d'Équivoque de Mots par celle relative à la Légende de la Reine Pedauque.

Légende de la Reine Pedauque. Au milieu du XVIIIe siècle on voyait encore sur les Portails du Prieuré de Saint-Pourçain, en Auvergne, de l'Abbaye de Sainte-Benigne de Dijon, de Sainte-Marie de Nesle et de Saint Pierre de Nevers, la Statue d'une Reine avec un Pied d'Oie, on l'appelait la REINE PEDAUQUE, et l'on formait ce nom du latin *pes* pied, et *aucæ* dans la signification d'Oie.

Mabillon et Montfaucon crurent qu'on avait voulu représenter la femme de Clovis, Sainte Chlotide, et que c'était pour marque de sa prudence qu'on l'avait ainsi gratifiée d'un pied d'Oie. D'autres érudits prétendirent qu'il s'agissait, les uns de Berthe au grand pied, femme de Peppin-le-Bref, les autres d'une Reine de Toulouse, femme d'Euric, Roi des Visigoths, qui aurait été surnommée ainsi à cause de son grand amour pour les bains.

---

1. Aussi dans notre Liturgie ne doit-on se servir pour les Cierges que de la Cire d'Abeille, — et ajoute M. l'Abbé Massard, tout le monde connait le sens Symbolique de la cire, la clarté vive et pure de la cire est l'Image de Jesus-Christ, qui nous a apporté la plus pure et la plus vive Lumière.

Selon l'Abbé Lebeuf, la Reine Pedauque ne serait autre chose que la Reine de Saba, et s'appuyant sur l'opinion de quelques saints Pères qui, dans Salomon et la Reine de Saba ont voulu voir une Figure de Jesus-Christ et de son Église, il motive la présence de cette Princesse sur les Portails de nos Cathédrales.

Et Bullet en fait la femme de Robert I, Roi de France, qui avait épousé en 995 Berthe de Bourgogne dont il était le cousin au quatrième degré, qui fût excommunié et dont le Royaume fût mis en interdit pour cette union contraire aux Lois de l'Église. D'après la tradition, Berthe serait accouchée pendant cet Interdit, et par l'effet de la Colère Divine l'enfant qu'elle mit au monde aurait eu la tête et le cou d'une Oie, et non d'un homme ; alors on aurait voulu éterniser par la Statue de la Reine Pedauque le souvenir de cette Vengeance Céleste pour épouvanter par la vue perpétuelle de ce châtiment ceux qui auraient osé braver les censures ecclésiastiques.

Nous avons trop confiance dans les bontés et la miséricorde de Dieu, nous vénérons trop la Divinité pour croire à des Vengeances Célestes, nous laisserons de côté ces diverses interprétations, et nous dirons en nous reportant à une plus saine Origine :

Cette Statue est celle de la Reine des Cieux, la Grande Déesse de la Nature et de la Fécondité appelée jadis Cerès ou Isis, à laquelle l'Oie était sacrifiée et aujourd'hui nommée Vierge Marie ; c'est pourquoi elle figurait aux Portails des Églises et des Abbayes : *Auca* ne se se trouve pas dans les dictionnaires latins, et si dans les anc. mon. on lit *auca* et *auga* dans la signification d'Oie, c'est que Auc, Aug comme Oie, Ouc et Oe signifient Herbes, Pâturages et Marécages, et que cet Oiseau a ses habitudes et sa nourriture dans les Prés, d'où il tire son nom, mais, et cela se comprend, les termes signifiant Pâturages exprimaient l'Abondance et la Fertilité dont la Reine des Cieux était le Symbole. A cette Reine, autrefois comme aujourd'hui, le noble rôle d'Intercéder auprès du Maître de la Production, du Souverain de la Terre et des Cieux, à Elle dans le but de cette Divine Intercession nos Prières dans nos Temples dont elle est la Base la plus solide, — et c'est là ce qu'exprime le mot P'EDAUQUE ; — *e* de, *auc* la contrée, de là en gallois *auc* pays, *ped* la prière et l'intercession, de là *peden* en breton prière, *pedi* prier, *peder* intercesseur, qui prie pour quelqu'un — *e* de, *auc* le

temple, de là en gallois *auc* habitation, *ped* la base, le fondement,
de là *ped* pied en gallois et le D permutant avec le S, de là
le *pes* latin.

Ajoutons comme complément de cette légende que Oi-e prononciation de *wi-e* signifie Prudence et Prévoyance, les deux qualités
qui conduisent le plus sûrement à l'Abondance, et que la Ville
Éternelle dût autrefois son Salut à la prévoyance de l'Oie que
les Gallois appellent *gwyd*, dont ils firent *gwyddon* dans la signification de Sorcière.

Nous avons vu précédemment ce que veut dire le mot Lupercales.

Bacchanales   BACCHANALES a les significations suivantes :

Lumières éminentes dans le cercle ; *es* lumière, *nal* éminente,
haute, élevée, *a* dans, *bach* le cercle.

Extase dans les mystères ; *nal-es* qui est l'extase, *a* dans, *back*
les mystères.

Liqueur dans la grappe, dans le vase et dans le tonneau ; *es* qui
est, *al* la liqueur, la boisson, *na* dans, *back* la coupe, la cuve,
le tonneau, les grappes, les branches.

Qui se fait remarquer par ses sauts, ses gambades ; *nal-es*
qui est remarquable, *a* dans, *back* les sauts, les danses, les
gambades.

Et lumière en mouvement ; *es* lumière, *nal* éminente, *a* en, *back*
course, voyage, transition, mouvement.

Saturnales.   Les SATURNALES se célébraient dans le mois de Décembre, tout
ne respirait alors que le plaisir et la joie, chacun s'envoyait des
présents et se donnait de somptueux repas. Il était permis aux
esclaves de jouer contre leurs maîtres et de leur dire tout ce qu'ils
voulaient et ceux-ci les servaient à table. Saturne présidait
à l'Agriculture et au Temps et en réglait les dimensions. La
Planète qui porte ce nom étant la plus proche du Ciel c'est-à-dire
la plus éloignée de nous, présidait à la contemplation et le mot
saturnales veut dire :

Le père, le créateur, la lumière au-dessus du cercle, *ales* qui est
au-dessus, *wrn* le cercle, l'horizon, *sat* la lumière, le créateur,
le père.

Grand vase avec liqueur, *es* avec, *al* liqueur, *wrn* vase, coupe,
sat grand, large, ample.

Satiété d'aliments, de joie et de bonheur, *es* avec, *al* aliments, liqueur, richesses en tout, *wrn* abondance, satiété, *sat* félicité, joie, bonheur.

Principal compagnon de la bonne chère, *es* avec, *al* aliments, bonne chère, *wrn* principal, distingué, *sat* compagnon.

Les Lupercales, les Bacchanales et les Saturnales étaient des Fêtes Sacrées célébrées en l'honneur des Divinités des Anciens et qui chez les Prêtres Phrygiens se célébraient après le Solstice d'Hiver au moment où le Soleil reprend vigueur. Les significations de leurs noms se prêtaient à la Sainteté, à la Grandeur du culte, mais aussi aux Orgies qui s'y faisaient ; les Fêtes Ecclésiastiques que nous venons de mentionner sont autant de Saturnales, de Bacchanales et de Lupercales dans les diverses acceptions de ces Significations, et ces Fêtes étaient des souvenirs des Rites Bacchiques comme des Rites Cabiriques.

La Fête des Sous-Diacres ou Diacres-Souls se célébrait à Paris le Lendemain de la Naissance de Jesus ou de la Naissance du nouveau Soleil, c'est-à-dire le jour de Saint Estienne et *estienne* qui veut dire lumière dans le ciel, *enn-e* la lumière, de là *ennyn* en gallois allumer, mettre le feu, enflammer, *i* dans, *est* le ciel, le cercle, signifie aussi vin, liqueur en abondance, *enn-e* qui est la liqueur, la boisson, *est-i* en abondance, c'est pourquoi à Milan, lors de la Fête de Saint Estienne, il était d'usage que l'Archevesque bénit douze mesures de Vin destinées a être distribuées aux indigents.

Diacre-soul a la signification de — Vase rempli de liqueur, *soul* coupe, vase à boire, *cre* plein, *di-a* de liqueur — et Feu, Soleil resplendissant, *soul* feu, soleil, *cre* plein, resplendissant, *di-a* en lumière.

Et Sous-diacre, lumière et liqueur, largesses de Dieu ; *cre* abondance, générosité, largesses, *di-a* de Dieu, *sws* lumière et jus.

Fou, fw, qui signifie extravagance et colère etc., fous, fws, masques et déguisements, veut dire aussi Feu et Arbre, de là en basque *fouea* hêtre.

Les trois souhaits du grand aumônier — Mal de Rate — Panier de Pardons — et Gale en Masse sont des Jeux de Mots comme en savaient faire nos ayeux.

Mal de rate c'est le prompt accroissement de richesses *rat-e* qui est l'augmentation, le gonflement, le prompt accroissement,

Les Trois Souhaits.

de de, *mal* biens, richesses, abondance, *mal* en persan et en turc, richesses, *mal* en theuton pension, salaire.

Panier de pardons, c'est le souhait de libéralités déjà toutes préparées, en froment, en aliments, etc., *don* largesses, *par* tout fait, tout préparé, — Panier, *er* abondance, *pan-i* en pain, froment, aliments, etc., dans l'origine les Paniers ne servaient qu'à mettre le Pain, et lePanier est la Corbeille Mystique employée dans les Mystères de Cybèle et de Cérès.

Et gale en masse, c'est le souhait d'un ensemble, d'une profusion de jouissances, de prodigalités de toutes sortes de choses, *mass-e* qui est la réunion, la confusion, l'ensemble, *e* de, *gal* jouissances, étrennes, prodigalités, joies, bonne chère, etc., de là en gallois *gwala* abondance, satiété, rassasiement, et notre ancien mot *gala*.

Esclaffard. Esclaffard c'est l'Aurore, la lumière non encore dégagée des ténèbres ; *ard* feu, lumière, l'orient, le levant, *esclaff* en servage, non libre, non affranchi, non dégagé — et un grand tintamarre continuel, *ard* grand, *claff* bruit, tapage, tintamarre, *es* toujours, continuellement.

Conard. Conard : qui demande de la lumière et du vin, *ard* lumière et feu, de là le vieux français *ardre* pour brûler, et vin, de là en basque *ard-du* vin rouge, *cwn* qui demande — et qui est discordant, *ard* mauvais, difficile, *con* accord, union et desseins.

Sot signifie élévation et chûte, *sot*, *swt* le plus haut où monte le soleil sur notre horizon, — *sot* veut dire aussi extravagant et effronté.

Innocent dans le sens le plus ordinaire est — vie sans discernement, *ent* vie, vivre, *in-noc* sans esprit, sans intelligence. Nous en avons vu plus haut le sens mystique, et il signifie aussi — contraire au démon, *ent* contraire à, hostile à. *ynnoc* le mauvais esprit, le mauvais génie.

Renard, goinfre, gourmand, *ard* appétit, de là *ardu* manger, ronger, *ren* ouvert, veut dire encore — intelligence remarquable, *ard* intelligence, *ren* remarquable, — et Lumière conductrice, *ard* lumière, *ren* qui dirige, qui conduit.

Ane veut dire — sans lumière hier, *e* sans, *an* lumière — *ane* hier — et cette phrase : sans lumière hier, est complétée par les deux premiers mots de l'Office : *lux hodie* c'est-à-dire Lumière

Aujourd'hui. *Ane* signifie également âme, pressentiment, prescience, prophétie — virginité, nourrice et aliment. La TIARE dont sa tête était ornée, c'est l'Emblême de la Lumière, *ar-e* de la lumière, du cercle, *ti* image, ressemblance

Ane signifiant tout à la fois lumière, virginité et nourrice, aliment et prophétie, il n'est point surprenant que dans le cortége de l'Ane il se trouvât une Jeune Fille avec un Jeune Enfant dans ses bras, une Sibylle et Balaam qui veut dire parfaite lumière, *am* multiplicité et perfection, *bal-a* de la lumière.

Cette Fête était un Mystère en l'honneur de la Vierge Marie on de Cérès la Vierge Moissonneuse qui présidait aux Biens de la terre et qui tenait un Enfant dans ses bras pour indiquer la fécondité, et le BRAIEMENT qui terminait la cérémonie était l'expression de l'Étendue de cette fertilité, *ment* étendue, *e* de, *brai* fertilité.

FAUNE dans les anc. mon. *faunus*, démons que le peuple croyait   *Faune.* demeurer dans les bois ; *faun-e* qui est le Dieu, le Maître, *ne* dans, *fau* les forêts, signifie de plus sans vêtements et sans domicile, *e* sans, *fawn* domicile et vêtement.

BARBOIRE, tout en indiquant une Barbe remarquable, *oir-e*   *Barboire.* qui est grande et remarquable, *barb* barbe, veut dire encore, Fils du Feu et du Soleil, *bwir-e* du feu, *bar* l'enfant, *bar* en chaldéen, en syriaque enfant, *baar* en tartare de Crimée enfant.

Et BARBATOIRE a les significations suivantes : — qui a le visage   *Barbatoire.* couvert de barbe, *e* sur, *oir* face, visage, *at* partout, *barb* barbe — Qui est le Seigneur Créateur de la lumière, *oir-e* qui est le seigneur et maître, *bat* auteur, créateur, *bar* feu, lumière — Lumière toujours brillante, *oir e* qui est le feu, la lumière, *bat* brillant, éblouissant, ardent, *bar* toujours. *Barbatus* dans les anc. gloss. signifie épileptique, *us* avec, *bat* durée, excès, surabondance, *bar* violence, douleur et mouvement convulsif.

En Bretagne — autre Terre Sainte du Druidisme, — voici com   *Feux* ment se pratique la Cérémonie demi-religieuse du Feu de la Saint   *de St-Jean.* Jean-Baptiste.

Vers le soir, on aperçoit sur quelque rocher élevé au haut de quelque montagne un feu qui brille, puis un second, un troisième, puis cent feux, mille feux ; devant, derrière, à l'horizon, partout la terre semble refléter le ciel et avoir autant d'étoiles. De loin on entend une rumeur confuse, joyeuse et une étrange musique

qu'obtiennent des enfants en caressant du doigt un jonc fixé aux
deux parois d'une bassine de cuivre pleine d'eau et de morceaux
de fer; les conques des Pâtres se répondent de vallée en vallée, les
voix des paysans chantant des Noëls au pied des Calvaires se
font entendre; les jeunes filles parées de leurs habits de fête
accourent pour danser autour des feux de Saint Jean, car on leur
a dit que si elles en visitaient neuf elles se marieraient dans
l'année; les paysans conduisent leurs troupeaux pour les faire
sauter par dessus le brasier sacré, comme cela se pratiquait déjà
à la Fête du Feu en l'honneur du Dieu Bel, sûrs de les préserver
ainsi de maladies. Dans beaucoup de paroisses, c'est le Curé lui-
même qui vient processionnellement avec la croix allumer le feu
préparé au milieu du Bourg. Les Bretons conservent avec grande
piété un Tison du Feu de la Saint-Jean, ce tison placé près de leur
lit entre un buis bénit le Dimanche des Rameaux et un morceau
de gâteau des rois, les préserve disent-ils, du Tonnerre; ils se
disputent en outre avec beaucoup d'ardeur la Couronne de fleurs
qui domine le feu de Saint Jean-Baptiste. Ces fleurs flétries sont
des Talismans contre des maux du corps et les peines de l'âme;
quelques jeunes filles les portent suspendues sur leurs poitrines
par un fil de laine rouge, tout puissant pour guérir les douleurs
nerveuses.

En Poitou pour célébrer la Saint Jean on entoure d'un bourrelet
de paille une roue de charrette; on allume le bourrelet avec un
cierge bénit, puis l'on promène la roue enflammée à travers les
campagnes qu'elle fertilise si l'on en croit les gens du pays.

A Paris, au moyen-âge, cette cérémonie se célébrait ainsi:
au milieu de la place de Grève était planté un Arbre de soixante
pieds de hauteur, hérissé de traverses de bois auxquelles on
attachait cinq cents bourrées et deux cents cottrets avec bouquets,
couronnes et guirlandes de roses; au pied on plaçait un Tonneau
et une Roue, on employait beaucoup de cordes, de feux d'artifices
composés de lances à feu, pétards et fusées; on attachait à l'arbre
un panier qui contenait des Chats et un Renard destinés à être
brûlés vifs et les Parisiens enlevaient les Tisons et les plaçaient
dans leurs maisons, persuadés qu'ils portaient bonheur.

Cette ancienne Fête de la Saint Jean est une Invocation au
Dieu-Tonnerre, le Taran des Druides, on la célébrait jadis le pre-

mier Mai, dans le mois des orages, en l'honneur du Dieu Bel et Jean[1] signifie comme Bel[2], jet de lumière, éclair, foudre. On la reporta ensuite au Solstice d'Été, époque à laquelle les Égyptiens ont eu leur Commencement d'Année, époque ordinairement précédée ou suivie de grandes pluies, et alors on ajouta à Jean le mot BAPTISTE. Jean étant l'Éclair, Baptiste exprime la recrudescence de pluie qui accompagne l'Éclair, te d'où il arrive que, tis eau, bap en abondance, et alors le tis du mot Baptiste[3] a produit dans la nue en Amortissant la Foudre le même effet que le Tison[4] dans l'esprit du Breton qui l'emporte pour Amoindrir les effets du Tonnerre.

RENARD signifiant Lumière Conductrice, voilà pourquoi dans le Feu de Saint Jean, cet animal est sacrifié au Feu du Ciel. **Renard.**

A une certaine époque de l'année les poils du Chat subissant un frottement à rebours, produisent des Scintillations Électriques, et les yeux de cet animal paraissent à de certains moments comme une Lueur Flamboyante ; CHAT signifie jet de lumière, tumulte, conflit, guerre, trait, flèche, qui brise, qui détruit, c'est pourquoi ce terme nous est resté comme machine de guerre, et c'est la cause dans le feu de Saint Jean du Sacrifice de ces animaux au Dieu-Tonnerre. **Chat.**

Le Tonneau du feu de Saint Jean Parisien et le Bassin de cuivre à la cérémonie Bretonne sont l'Image du Chaudron de Korydwen, dont le contenu merveilleux guérit toute espèce de douleurs ; à cette guérison s'associent les Roses surmontant l'Arbre de la Saint Jean, et rose signifie absolution, grâces et bénédiction, tous remèdes ineffables pour les douleurs morales.

Si le nom de BALICOT retentit si souvent dans les rues de Marseille lors des Feux de la Saint Jean , c'est que balicot signifie d'abord feu, sauts et tas de bois, cot feu, bali sauts et danses, de là notre mot bal lieu où l'on danse, cot amas, de là coto en persan, tas, monceau, élévation, bali de bois, d'arbres, de là bali en breton **Balicot.**

---

1. JEAN correspond à JOHN; chez les phéniciens JONN correspondait à BAAL qui en gallois veut dire Séigneur, Dieu, cause première. Les scandinaves appellent JON le Soleil que les Troyens adoraient sous le nom de JONA.

2. BEL signifiait aussi flambeau et sublime, taureau et tumulte, chef et guerre, etc. c'est pourquoi le barde Liwarkh appelle bel tout à la fois le flambeau sublime, le taureau du tumulte, le chef de guerre, le soutien dans la bataille etc.

3. BAPTISTE (voir à l'introduction une des autres significations du mot Baptiste.)

4. TISON, on feu et bois, tis mouillé

allée de grands arbres — et qu'il exprime ensuite que c'est en l'honneur du Soleil, *cot* gloire, honneur, louange, élévation, *bal-i* du Soleil, du Seigneur.

Basilic.

Et si le nom de Basilic accompagne celui de Balicot, nous ferons observer que cette Plante est originaire de l'Inde d'où nous venait le Culte des Arbres, du Soleil et du Feu — que la puissance du célèbre animal de ce nom était telle qu'il tuait par son seul regard, d'où vient probablement que dans l'art militaire on appelait ainsi une ancienne Bouche à feu — et que *basilic* signifie : Figure et transfiguration du Disque, *lic* figure, transformation, *i* du, *bas* disque — Réjouissances du feu et des rameaux, *lic* joie, réjouissance, *bas-i* du feu, des rameaux — puis Basilic exprime l'idée que les Anciens se faisaient du Soleil qui, arrivé à ce moment suprême de sa course, semble s'arrêter et s'enfoncer dans sa caverne, *lic* captif, arrêté, retenu, qui s'abat, qui tombe, qui s'enfonce, qui s'enferme, *i* dans, *bas* creux, caverne, grotte, antre, etc.

Solstice.

Solstice veut dire Soleil ralenti, lumière qui stationne, *e* qui est, *stic* engourdi, arrêté, stationnant, languissant, endormi, *sol* lumière, soleil. La Roue dont le nom signifie Cercle est l'Emblême du Disque du Soleil, le Bourrelet de paille qui l'entoure dans le Poitou, de même que la grande quantité de cordes et de liens employés à Paris sont autant de Signes de ralentissement. Jean synonyme de jet de lumière, éclair, foudre, écrit Jehan devient synonyme de Solstice en marquant le repos du Soleil, *han* feu, lumière, *je* relâche, repos, pause, discontinuation, — et indique qu'à ce moment doivent parvenir jusqu'à la Divinité des Chants mélodieux et sincères, *han* chants, cantiques, chants et accents mélodieux, *je* vrais, sincères, *saint* se rapportant à Dieu, et c'est ce qu'expriment aux fêtes de la Saint-Jehan les voix et la musique harmonieuse des paysans Bretons.

Le St-Graal.

Le Bassin sacré de Korydwen placé sous la garde de Gwyon, et dans lequel l'Enfant lumineux mêlait le breuvage composé des Six Plantes qui guérissaient, était en même temps le Vase de la science divine et trois gouttes avaient suffi pour dévoiler la science universelle : le Christianisme devait aussi posséder son Vase sacré, c'était Celui qui avait servi à la Cène, c'était celui dans lequel Joseph d'Arimathie qui détacha Jesus de la croix et lui donna la sépulture, avait recueilli le Sang de Jesus ; Jesus lui-même avait confié à perpétuité la garde de ce vase à Joseph et à sa race; il avait des propriétés incomparables ou qui ne pouvaient être comparées qu'à celles du Bassin de Korydwen; on le nommait le SAINT GRAAL.

Graal veut dire : bassin extraordinaire, *al* bassin, vase, *gra* étonnant extraordinaire, et ces deux mots *gra-al* sont combinés de telle sorte qu'ils vont nous indiquer les propriétés de ce vase dans leurs diverses significations :

Liqueur merveilleuse, *al* liqueur, *gra* merveilleuse.

Qui fait la beauté, la bravoure, le courage, *gra* qui fait, *al* la bravoure, le courage, la beauté, — aussi il y avait les Chevaliers du Saint Graal.

Qui fait les rois, les princes et les poëtes, *gra* qui fait, *al* majesté, grandeur, poésie.

Qui fait l'abondance, les richesses, *gra* qui crée, qui fait, *al* richesse, abondance.

Qui indique la science et exprime la divination, *gra* qui indique, qui exprime, *al* science, divination.

Qui prépare Tout, qui exprime tout, qui connait tout, qui prévoit tout, qui fait tout, qui peut Tout, *gra* qui prévoit, qui peut, etc., *al* Tout.

C'est ce Bassin ou Baquet, Emblême de la puissance universelle, dont on retrouve l'image dans la Couronne Mérovingienne ou coiffure des Francs, et c'est lui qu'on rencontre aussi bien dans les ruines de Ninive et de Babylone que dans les Tumuli Scandinaves et dans les Sépultures de la Butte des Gargans près de Houdan.

En ce temps là, dit l'Évangile selon Saint Mathieu, chap. IV, Jesus fût conduit par l'Esprit dans le désert pour y être tenté par le Diable. Après avoir jeûné quarante jours et quarante nuits il eût faim et le tentateur s'approchant lui dit : si vous êtes le Fils de Dieu, commandez que ces Pierres deviennent des Pains. — Jesus lui répondit : « il est écrit, l'homme ne vit pas seulement « de pain, mais de toute parole qui sort de la bouche de Dieu; » — alors le Diable le transporta dans la Ville Sainte et l'ayant mis sur le haut du Temple il lui dit : — « si vous êtes le Fils de Dieu, « jetez-vous en bas, » car il est écrit : « il a commandé à ses Anges « de prendre soin de vous » et ils vous porteront entre leurs mains,

Évangile selon St-Mathieu.

« de peur qùe votre pied ne heurte contre quelques pierres , » —
Jesus lui répondit : il est encore écrit, « vous ne tenterez point le
« Seigneur Votre Dieu. » Le Diable le transporta encore sur une
montagne fort haute, et lui montrant tous les Royaumes du Monde
avec tout leur éclat il lui dit : « je vous donnerai toutes ces choses
« si en vous prosternant vous m'adorez. » Mais Jesus lui répondit :
« retire-toi, Satan, car il est écrit : vous adorerez le Seigneur
« votre Dieu et vous ne servirez que Lui seul. » Alors le Diable
le laissa et aussitôt les Anges s'approchèrent de Lui et ils le
servaient.

Satan. SATAN ou SATHAN c'est le Feu, *tan*, *than* feu, *sa* article, — le
principe de lumière, *an* feu, lumière, *sath* le principe, l'origine. —
Mais c'est la Lumière dangereuse, le Génie du Mal, *an* mauvais,
sath lumière, génie du mal. — Qui ne cherche que querelles et
disputes, *an* toujours, *sath* combat, querelle, dispute.

Le Diable. Le DIABLE, c'est le Maître et Seigneur puissant et tentateur,
abl-e qui est puissant, de là *abledd* en gallois puissance, adroit,
tentateur, *di* Dieu, maître et seigneur, — l'Arbre et la Pomme
qui tentent, *abl-e* arbre et pomme, *di* magnifique, séduisant, —
La science habile, *abl-e* qui est habile, de là *abledd* en gallois
capacité pour une chose, de là *able* en anglais propre à, *di* science
et lumière.

Les Livres Indiens parlent aussi : du Prince des Anges de
lumière, déchus par leur rébellion, du Grand Dragon s'avançant
comme une comète à longue queue et prenant sur son dos le Dieu
Conservateur ; du malin génie qui cherche à détourner Zoroastre
de son entreprise et à le séduire par l'appât des honneurs et des
plaisirs, de la lutte d'Ormuzd contre Ahrimane, d'un Dieu bon
contre un Dieu méchant également éternel et indépendant ; l'Évangile selon Saint Mathieu, sans avoir la poésie des chants Védiques,
et du zend-avesta[1] ses ainés, rend compte de la Victoire Symbolique remportée par Jesus sur Satan, c'est-à-dire de l'esprit sur
la Matière, de l'Intellectuel sur le Physique, du principe du Bien
assimilé à la lumière, sur celui du Mal assimilé aux Ténèbres,
et le Prêtre Chrétien en donne lecture aux Fidèles à la Messe du
premier Dimanche de Carême.

---

1. ZEND AVESTA c'est-à-dire parole vivante.

Au moyen-âge, des processions, sortes de Mystères en action, avaient lieu pour célébrer cette victoire du principe du Bien sur le principe du Mal.

En tout temps et chez tous les Peuples, les Serpents, les Dragons, les Bêtes monstrueuses et venimeuses ont été prises comme le Symbole du Mal en lutte avec le Bien, de Ténèbres combattant la Lumière, du Vice, de l'Erreur, du Démon. Le grand Serpent[1] Calinouga vaincu par Wichnou sous la forme de Chrichna, le Serpent Pithon vaincu par Apollon, le Dragon tué par Jason, les Monstres détruits par Hercule, Persée et Cadmus, le Symbole de la Femme écrasant la tête du Serpent, les Récits de l'Apocalypse, les Légendes de Saint Georges, de Saint Marcel et d'autres bienheureux joûtant avec des Monstres destructeurs marquent le rôle de ces Êtres malfaisants dont l'Origine est dans l'histoire des Constellations.

Monstres destructeurs.

A Paris, le Clergé de Notre-Dame portait la Figure d'un Grand Dragon d'osier, et le peuple jetait dans la Gueule énorme et béante de ce Dragon des fruits et des gâteaux, offrandes d'autrefois qui se faisaient aux bons comme aux mauvais Dieux, à ceux-ci par crainte et pour les apaiser, et aux autres par amour et par reconnaissance.

DRAGON c'est la foudre qui éclate ; *on* qui brille et qui éclate, *drag* feu et foudre ; de là en irlandais *drag* colère, fureur, et *dragart* mèche et amorce. — La lumière séductrice ; *on* magnifique, séduisante, *drag* lumière. — La science habile ; *on* intelligence, science, *drag* supérieure, habile. — Mais c'est l'excès d'audace et d'effronterie, d'orgueil et d'arrogance ; *gon* excès, *dra* mépris des autres, effronterie, arrogance, ambition, audace, orgueil, tyrannie. — GUEULE signifie dans l'obscurité ; *e* dans, Gueul ou Gwyl ténèbres, obscurité, gouffre, — et le Dragon promené avec sa Gueule énorme et béante c'est l'Emblème du mauvais Génie vaincu et plongé dans le gouffre ou l'obscurité et l'Emblème de la Foudre apaisée et de l'Orage dispersé.

Dragon.

1. Le grand dragon, symbole de l'éternité, s'avance comme une comète à longue queue ; il dévore la terre et le temps, réduit l'océan en vapeur, et, prenant sur son dos le Dieu conservateur qui a recueilli dans son giron les purs débris de l'univers, il darde sur la tête de Wichnou mille langues de feu pour lui en former un pavillon jusqu'à ce qu'il se réveille. (CANTU Histoire universelle, t. 1er.)

Toutes les Églises en Gaule avaient leur Dragon qui se nommait :

A Rouen, Gargouille.

A Metz, Graouilly.

A Vendôme, Bienheuré ou Grand'Gueule.

A Poitiers, la Bonne Sainte Vermine.

A Tarascon, la Tarasque.

A Troyes, la Chair Salée.

A Reims, Bailla.

A Mons, Dou-Dou, etc., etc.

Gargouille. GARGOUILLE signifie : voici le Diable Rouge, mais le voilà dans les ténèbres ; — *e* démonstratif, voici, voilà, en y ajoutant le *ecc* superflu gaulois, les latins en ont fait leur *ecce* ; *gwill* le loup-garou, le diable, *gar* rouge, de là notre mot *garance* plante qui sert à teindre en rouge ; — *e* dans, *gwyll* les ténèbres, l'obscurité, *gar* la flamme, l'éclair, le feu, l'effroyable, le méchant.

Graouilly. GRAOUILLY veut dire : le méchant dans le néant ; *y* dans, *will* ténèbres, obscurité, néant, *gra* le pervers, l'inhumain, l'orgueilleux.

Tarasque. TARASQUE : terrassé dans le combat ; *e* dans, *asc* querelle, schisme, division et combat, de là en gallois *asc* troupe, et en irlandais *ascath* soldat, *tar* vaincu, terrassé, de là en gallois *tarac* frapper, battre, *taro* donner des coups, et *tarfu* renverser, jeter par terre, et de même que Gargouille, Tarasque est l'image du tonnerre et de l'orage, *ask-e* eau à flots, *tar* tonnerre dont on fit aussi *taran* éclairs de tonnerre et *taranis* le Dieu Tonnant chez les Gaulois.

Bienheuré. BIENHEURÉ : esprit toujours subtil ; *ré* toujours, *enheu* esprit, *bi* faux et subtil, — c'est aussi l'image de la grande pluie ; *eur-é* eau en abondance, de là le gallois *eurawc* plein d'eau, *enh* temps, de là le breton *enh* ciel, *bi* affreux.

Ste-Vermine. VERMINE : dont l'âme rôtit dans un brasier ardent ; *in-e* âme, *verm* rôtie, *e* dans, *yn* feu, brasier *verm* rouge, ardent ; — c'est également l'image de la foudre ; *e* de, *min* l'éclair, la foudre, le feu, de là *minna* dans un anc. gloss. feu, *mineus* dans un autre gloss. rouge, et *min* en gallois dard, *wer* l'image, le signe, l'emblème.

Chair Salée.

Chair Salée : voici comment est l'imposteur ; *e* voici, *sal-e* du fourbe, de l'imposteur, *chair* la représentation ; — prise du grand imposteur; *ee* le grand, l'éminent, le puissant, *sal* fourbe, imposteur, *chayr* pris, arrêté, saisi, comprimé ; — et Chair-Salée est aussi l'indice d'un temps inconstant ; *ée* temps, de là *ée* en breton ciel, *sal* inconstant, *chair* image.

Bailla.

Bailla signifie : grande fourberie ; *a* le superlatif, *baill* vice, imposture, fourberie — et exprime en même temps toute une surface d'eau ; *a* eau, de là en gallois, en langue cimbrique et en anc. saxon eau, rivière, *baill* surface, de là *baille* en terme de marine une moitié de cuvier servant à mettre de l'eau.

Dou-Dou.

Dou-Dou : indique le Génie du Mal. Le premier *dou* signifie Dieu[1] et génie, et le second *dou* noir et mauvais, — il marque aussi un temps obscur, *dou* ciel, *dou* caché, invisible et obscur, c'est de là qu'en breton *dw* a signifié novembre, parce que le ciel est obscur dans ce mois.

C'est donc des allusions et Idées Astronomiques, autant que des Idées Religieuses, Mystiques et Superstitieuses, que naquirent ces Monstres de l'Antiquité et des Processions du moyen-âge.

Pour avoir, à ces diverses Processions le droit d'y porter des Bâtons, ce droit était mis à l'enchère par des Prêtres subalternes appelés Custodinos auxquels les Curés affermaient les revenus de leurs Cures et qui faisaient argent de tout, dit Dulaure, établissaient des Reinages, des Fêtes à Bâton et exploitaient le plus habilement qu'ils pouvaient la crédulité des faibles et des ignorants.

Baton marque une grande supériorité; *on* grande, principale, *bat* puissance, hiérarchie, supériorité, de là *batur* en tartare calmouk empereur, et c'est pourquoi dans l'Inde la longueur du bâton indiquait les divers degrés de cette supériorité, exemple : le bâton du Brahmane devait être assez long pour atteindre les cheveux, celui du guerrier arrivait au front, celui du négociant à la hauteur de son nez, etc., etc.

1. DOU est la marque du Dieu Invisible, du Dieu Inconnu, du Dieu Caché, expression dont se sert le prophète Isaïe, chapitre 45 quand il parle à Dieu dans ces termes: « vous êtes vraiment le Dieu caché » — et dont se sert aussi l'Apôtre Saint Paul quand il appelle Dieu, l'invisible Roi des siècles; c'est du reste l'idée que présentait le CNEPH, Première Divinité des Égyptiens, *cneph* signifiant caché, de là en gallois le verbe *cneifio*, cacher, dérober, de même que le nom de Dieu, chez les gallois CELI, c'est-à-dire caché, de *cel* cachette, lieu secret, — mais qui veut dire également défense et protection.

Et Reinage signifie octroyer la puissance; *age* force, puissance, *rein* donner, octroyer, accorder.

Custodinos.   Custodinos était le Prêtre fermier de la Cure à la charge de la rendre à un autre dans un certain temps, et partant de ce principe que pour rendre il faut garder ou conserver, on a fait venir ce terme du latin *custodi-nos* qu'on traduit par *garde-nous*, parce que *custodia* admis dans la langue latine, a parmi ses significations celle de garde ou conservation, et *custodio* garder, conserver ; mais il est utile de remarquer que même dans le latin ce mot a des significations multiples, que *custodia* signifie aussi étui, prison, etc., et *custodio* renfermer, contenir ; il a donc dans cette langue comme dans le langage gaulois dont il tire son origine, la signification de Généralement tout ce qui couvre, tout ce qui contient, tout ce qui renferme, aussi Custode nous est-il resté tant pour désigner le Saint Ciboire[1] que pour marquer le pavillon qui le Couvre, tant pour indiquer une Prison que pour exprimer des rideaux de lit et des manches de chemise ; il faut donc, pour la véritable origine de Custodinos, rentrer dans notre primitif langage et se bien persuader que la nouvelle religion l'a admis parce qu'il servait à l'ancienne.

No-s c'est, le Soleil Caché, *s* de *sol* ou *saul* Soleil, no caché, une abréviation dans le sens de N.-S. qui pour nous signifie Notre-Seigneur ; de *no-s* lumière cachée, on a fait *nos*, nuit en gallois, en cornouailles et en breton, d'où le latin *nox*, et nos nuit est devenu nos mystères ; *nos* a signifié ensuite le suc d'arbres et de plantes qui jouait le principal rôle dans les Mystères ; *tod* c'est une boîte, un étui, une armoire, un coffre, un coffret, un vase, tout ce qui contient, et *cus* signifie fermé, gardé, protégé, de sorte que custodinos est le mystère renfermé dans un coffre ou le coffre renfermant un mystère. *nos* mystère, *i* dans, *tod* coffre, *cus* fermé ; devenu aujourd'hui le Saint Ciboire c'est l'histoire du Bassin Sacré devenu le Saint Graal ; et custodinos étant le Soleil caché dans un coffret, *no-s* soleil caché, *i* dans, *tod* coffret, *cus* fermé, c'est l'origine de

---

1. **CIBOIRE**, *e* de, *oir* science et lumière, de là en irlandais *oirthir* orient, *cib* le vase, de là *kiborium* en grec, sorte de vase à boire, et de là *ciborium* latin gobelet et vase à boire. *Ciborium* latin exprimait aussi la feuille de la Fève Égyptienne c'est-à-dire du *lotus* dont les fleurs et les fruits étaient sculptés dans les Temples Égyptiens.

notre proverbe : mettre la lumière sous le boisseau, aussi les Custodinos étaient-ils accusés, dit Dulaure, de propager parmi le
Peuple toute espèce de Superstitions.

Le Peuple dans tous les temps aima le Merveilleux; dernier venu
dans la Création où tout est Mystères et Merveilles, il fût le Benjamin de Dieu qui l'Anima de son soufle ou Voix, si bien qu'on
pût dire de Lui *vox populi vox dei,* et quand l'Homme fût animé
de l'Esprit-Saint, la Divinité étant elle-même un Être Invisible et
Mystérieux qui ne se révélait que par les objets de la Nature créée
par Elle, chacun de ces objets qui s'appelaient Air, Eau, Terre et
Feu, apparurent à l'homme autant de preuves de la Puissance
et de la Majesté de Dieu et comme autant de Communications entre
la Divinité et lui ; alors, tout en conservant l'Esprit Divin, il les
mêla dans ses Louanges au Créateur, et c'est de ce mélange et de
ces Illusions, de cette Idée Morale et de cet Esprit-Saint planant
au-dessus du Culte matériel que naquit le Mysticisme accompagné
de l'Idéalisme ; alors aussi chaque élément eût ses Intelligences
surnaturelles : la Terre eût ses Gnomes, l'Air ses Sylphes, l'Eau
ses Ondines, et le Feu sa Salamandre.

Puissances
élémentaires.

Et les Prêtres Théologues et Astronomes ayant divisé le Ciel en
deux Royaumes : celui de l'Été ou le règne du Bien, et celui de
l'Hiver ou le royaume du Mal, gouvernés, régis et habités par des
Dieux, Sous-Dieux, Génies et Esprits convenables à chacun
d'eux, les hommes, tour à tour et suivant les circonstances, invo-
quèrent tantôt par la Cabale, les Dieux, Sous-Dieux et Esprits
Bienfaisants, tantôt par la Magie, les Dieux, Sous-Dieux et Génies
de l'Empire du mal ; et de même que le Soleil n'éclaire pas
toujours une certaine partie du Globe, de même, les Ténèbres
pénétrèrent dans l'esprit d'une certaine portion des hommes et
engendrèrent les Superstitions, cortége inséparable de toutes les
Religions.

La Magie est définie par notre ancien langage : l'origine de la
lumière, la nourrice de la science ; *gi-e* de la lumière, de la science,
ma la source, la cause, l'origine, l'alimentation, la nourrice — et
la source des Divinations; *gie* de la double vue, de la divination,

Magie.

Divinations.

ma la source, et les principales Divinations étaient celles-ci :

Par la Hache.

Par les Flèches.

Par les Plantes.

Par la Fumée.

Par un Miroir.

Par des Figures de cire.

Par des Mots ou Voix.

Par les Clés.

Par le Crible.

Par plusieurs Anneaux.

Par l'Eau de Mer.

Par l'Eau de Source.

Par la Terre.

Par les Lampes.

Par les Fioles.

Par les Œufs.

Par les Entrailles des victimes.

Par la Foudre.

Par l'Inspection des lignes de la main.

Par le Cristal ou un autre corps transparent.

Par les Nombres.

Par le Feu.

Par les Pierres.

Par les Morts.

Par les Songes.

Par le Vol ou le chant des oiseaux.

Par le Coq.

Par les Bassins.

Par les Bâtons.

Par le Laurier consacré à Apollon.

Par la Tête d'un Ane qu'on faisait griller sur des charbons.

Par l'Ongle d'un jeune garçon qu'on frottait d'huile.

Par de Petits morceaux de bois.

Et par l'Air que l'on conjurait pour en tirer des présages.

Et la CABALE[1] c'est le vase merveilleux ; *al-e* qui est étrange, extraordinaire, *cab* vase, *kab* vase en persan et en turc, — le vase de lumière ; *al-e* de lumière, *cab* le vase, aussi, sur nos Autels, à côté de l'Image du Christ, voit-on la peinture de Flammes ou Lumières sortant des Vases Sacrés ; — c'est le vase de science ; *al-e* de la science, *cab* vase, c'est enfin le pendant de la Chaudière de Korydwen, du Vase le Saint Graal, et l'analogue de la Boîte de Pandore[2].

Les noms, dit la doctrine de la Cabale pratique, furent imposés aux Choses par Dieu, qui, en les associant, communiqua une grande efficacité à leur réunion ; Ceux des Hommes, selon la Bible, sont écrits dans le Ciel. Il existe donc une vertu secrète dans les paroles ordinaires et une plus grande encore dans celles de l'Écriture ou dans celles qui dénotent la Divinité. C'est parce que Moïse

et Daniel connaissaient celles-ci qu'ils l'emportèrent sur les Magiciens de Pharaon et du Roi de Babylone ; les Miracles des autres Prophètes s'accomplirent à l'aide de la disposition de mots exprimant le nom de Dieu et ses perfections ou celui des Anges et des Démons. Les choses, formant une chaîne, montent de la terre au ciel ; à telle parole, à tel nombre, est attachée l'idée d'une partie du corps, d'une plante, d'un animal, d'un vice, d'une vertu, d'un astre, d'un ange, de sorte qu'en combinant des Paroles et des Nombres on produit une agitation sympathique, correspondant aux éléments de chaque chose.

1. Dans notre langue, CABALE se prend en bonne et mauvaise part, comme ARTI-FICE ; les mots à sens opposés sont assez communs en français : JAMAIS qui veut dire aussi toujours, AUCUN qui veut dire nul et quelqu'un, JURER signifie affirmer et blasphémer etc., etc. Il en était de même dans la langue latine, ARCERE signifie chasser et retenir, CEDERE succomber et réussir, ARGUTIA dans Cicéron veut dire plaisanteries agréables et dans Plaute, mauvaises plaisanteries etc., etc. Quant aux mots ayant la même orthographe et présentant des sens divers et étrangers l'un à l'autre, si l'on en remarque quelques-uns dans notre ancienne langue, ils ne sont pas rares dans notre langage actuel, exemples : BIÈRE cercueil, et BIÈRE boisson ; JUSTE équitable et JUSTE plus étroit qu'il ne faut ; POELE voile ou drap mortuaire et POELE à frire ou POELE fourneau ; PAGE jeune gentilhomme et PAGE d'écriture ; PALAIS maison vaste et PALAIS de la bouche ; PÊCHE art de pêcher et PÊCHE fruit de pêcher ; SON partie de farine, SON article et SON vibration ; SOL terrain, SOL monnaie et SOL terme de musique ; BAIE fruit clair semé et à grappes et BAIE ouverture ou golfe ; BAILLER donner et BAILLER faire un baillement etc., etc. Il en était de même dans le latin, exemples : ASSARE dans Pline, rôtir et dans Vitruve, plancheier, ARANEA dans Virgile, araignée, dans Catulle, la toile de l'araignée, dans Pline, du coton, et dans Vitruve, un cadran au soleil, etc., etc.

2. PANDORE, *dor-e* qui est la porte, la clef, *pan* divine et universelle.

Pour personnifier leurs Puissances Surnaturelles Élémentaires, nos ancêtres avaient fait un heureux choix des mots :

Gnomes.   La Terre avait ses Gnomes qui se tenaient dans les fissures métalliques du globe, les grottes cristallines, etc., et qui étaient les gardiens des mines d'or, d'argent, de cristaux, de diamants, etc., et *gnome* outre qu'il qualifie le Bon Génie, utile à la société, etc.; *om[1]-e* qui est l'ange, le génie, *gn* crase de *gne* bon ; *om-e* envers la société, *gn* utile, a aussi ces diverses significations : qui comble, qui remplit les fissures, les cavités ; *om-e* dans les grottes, les creux, les fentes, *gn* action de combler, de remplir, — qui multiplie la production des mines ; *e* de, *om* fer et mines diverses, *gn* action de multiplier, de faire produire.

Gnome étant le bon génie de la terre devenait le soleil, la lumière utile et bienfaisante ; *om-e* qui est la lumière, *gn* utile, fécondante, bienfaisante, aussi appelons-nous Gnomonique l'art de tracer des Cadrans solaires, lunaires et astraux.

Et, comme par transition naturelle du propre au figuré, science est synonyme de lumière, Gnome indique tout ce qui brille par la science, par la parole, le langage, etc., *om-e* qui est la science, la parole, le discours, les opinions, les maximes, *gn* abondant, utile, brillant, aussi avons nous fait de Gnome un adjectif qualificatif dans le sens du bien, des aphorismes, des maximes, des sentences, des sciecnes morales, de la philosophie et des poëmes moraux.

L'Air avait ses Sylphes qui le peuplaient et se mettaient fréquemment au service de l'homme.

Sylphes.   *Sylph-e, Sylf-e* signifie l'air, le vent, le cercle, le tournoiement, la circonférence, la lumière, — et blanc pur, délié, léger, prompt, rapide, de *syphl* on fit *sylfid* mouvoir et être mû ; puis on dit indifféremment ELF, ALF, ALPH[2] synonyme d'élément et de lumière, et d'*elf* on fit *elfen*, lutin follet, on dit aussi les Elfes noirs comme personnification du cauchemar et du somnambulisme, parce que Elf, Alf signifie également délire, rêverie d'un homme qui a le transport, de là le breton *alfo* rêver, transport au cerveau,

---

1. OM, AWM, AM, UM et YM sont les mêmes — c'est pourquoi, par exemple, notre mot mère est traduit en sarrazin par OMM, en turc par UMM, en grec dans Hesychius par AMMA et en berbère par YMMA — OM était le même que *on*, le mot significatif d'harmonie universelle.

2. ALF, ELF, ELF-E qui est pur, de là dans les anc. mon. *alfus* saint de mœurs.

tomber en délire, en fièvre chaude, et notre ancien mot *alfoi ;* —
et l'air étant parfois synonyme de VENT, WENT dans notre ancien
langage signifiait air, souffle, caprice, fantasque, remuant, volage,
souple, léger, darder et lancer avec force.

L'Eau avait ses ONDINES qui habitaient les lacs, les fleuves et
l'océan. *Ondine* exprime l'océan ou réunion de tous les fleuves,
din-e des rivières, des fleuves, *on* réunion — le vaisseau sur les
flots: *din-e* sur l'eau, sur les flots, *on* vaisseau — le maître des flots;
din-e sur les flots, *on* qui commande — et le refuge de l'homme;
din-e de l'homme, *on* le port, le salut, le refuge.

Ondines.

NIX, NIXES devint par la suite synonyme d'Ondines avec les
significations suivantes : essor, vitesse, vol d'oiseau, action de
laver, navire, hameçon, messager, commerce et découverte ; —
puis, et comme pour indiquer la grande cérémonie des marins
au passage des Tropiques, Nix ou Nichus signifie toute sorte de
déguisements, toute sorte de travestissements.

Et le Feu avait sa SALAMANDRE. Suivant un vieux préjugé la
Salamandre aurait été indiquée par nos Ancêtres comme Génie
principal de cet Elément, parce qu'elle serait Incombustible. Il
existe toujours des Salamandres, etl'on peut facilement, en en
faisant l'épreuve, se convaincre de l'erreur sur laquelle repose
cet antique préjugé : mais cet animal est une magnifique
Image de la Reproduction de la Lumière et de la Renaissance
du Soleil.

Salamandre.

La Salamandre, si on lui coupe ses membres, a la faculté merveilleuse de les régénérer, ses yeux mêmes se reproduisent en
deux, trois ou six mois, et cette faculté se trouve expliquée par
le nom de l'animal ; *dre* en place d'un autre, *man* reproduction
et multiplicité, *a* de, *sal* œil ; — *dre* adjonction, *man* membre,
sala coupé, déchiré :

Et cette image poétique de la Reproduction de la lumière se
retrouve dans la signification du mot SALAMANDRE, *dre* compa-
raison, *man* image, ressemblance et reproduction, *a* de, *sal* la
lumière, le soleil.

Toutes les Religions ont du reste leurs Images et Fictions, c'est
ainsi que dans la Religion du Peuple qui s'intitulait le Peuple
de Dieu, la Terre est personnifiée par ADAM : *adam* la terre,
(*am* toute, *ad* la terre.) L'Eau par EVE, *ev-e* l'eau, de là le breton

Adam.

eva boire, le Feu, le Soleil par ABEL, *abel* le soleil, la nuit, et la Lune[1] par CAIN, *cain* ténèbres, obscurité, etc., etc.

La Terre étant la matière productible, Adam synonyme de Jacob signifie: *am* multiplicité, production, *ad* semence. Et *ad* semence étant synonyme de *ad* enfants, postérité, voilà comment Adam est devenu le Premier Homme, le Propagateur de l'espèce humaine.

Ève.

ÈVE l'eau étant synonyme d'ÈVE Abondance et Fécondité, c'est ce qui fit qu'Eve est devenue la Première Femme ou la Mère du Genre Humain.

Abel.

AGNEAU sans taches est répété bien des fois dans nos Prières Chrétiennes comme équivalent de JESUS — Lumière des Lumières, et d'Abel, Soleil, les Anciens ont fait Abellus, Agneau *nouveau né ;* — et CAIN, enveloppe, ténèbres, brouillards, nuit, obscurité,

Cain.

étant ainsi qu'ABEL enfant d'un même Créateur, devint naturellement et poëtiquement l'ennemi d'Abel son frère ; l'Opposé de la Lumière devait néanmoins tenir un haut rang dans son royaume de l'Obscurité, aussi *cain* signifie-t-il pleine lune; l'ennemi du Soleil, du Bienfaiteur de l'Humanité devait servir de type à la méchanceté, aussi *cain* signifie meurtre, massacre, combat, et l'on en fit le verbe *cainim* disputer, tuer, massacrer.

Abraham.

ABRAHAM[2] est la voûte éthérée, le Temps, *ham* tente, siége, *abra* de la lumière, de l'existence, aussi en termes figurés ce nom est-il traduit par Père de la Multitude.

Genèse.

Et le livre qui contient ces notions, ces Fictions Divines eût le nom de GENÈSE parce que *genèse* signifie Origine et Reproduction de l'Arbre, de la Lumière et du Genre Humain, *es-e* de l'arbre, du feu, de la lumière et du monde, *gen* la source, l'origine et la reproduction, et suivant Pic de la Mirandole qui projettait une apologie du Christianisme contre tous les infidèles et hérétiques, la Genèse doit être entendue non dans le sens littéral mais dans une acception Symbolique.

Cette opinion de Pic de la Mirandole était d'ailleurs la reproduction de celles d'Aristobule et de Philon; d'Aristobule qui prenait les faits particuliers de la Bible comme des allégories d'un sens

---

1. Selon Pic de la Mirandole, le Soleil signifie l'âme s'élevant à l'Esprit de Dieu ou à l'esprit intellectuel et la Lune est cette même âme s'abaissant aux facultés des sens.

2. ABRAHAM, *ham* voûte, *abra* lumineuse ; c'est le Saturne Mythologique, *ham* faulx, *abra* en parure, en ornement.

mystérieux ; de Philon qui disait que la Bible, source de toutes les doctrines philosophiques et religieuses, avait deux sens : l'un littéral pour le vulgaire, l'autre figuré où se cachaient sous l'allégorie, les symboles et les cérémonies, une doctrine secrète, véritable philosophie religieuse, accessible seulement à ceux qui, ayant médité sur la science, s'étaient purifiés par la vertu et élevés par la contemplation jusqu'à Dieu et au Monde Intellectuel. Et tel était l'ensemble des doctrines de Philon : Dieu est l'Ame du Monde ; l'Image de Dieu est le Verbe, forme plus lumineuse que le Feu ; il y a deux Verbes : le premier est l'Intelligence Divine contenant les types de toutes choses, c'est-à-dire le monde idéal, qui comme premier produit de l'activité de Dieu est son Fils ainé. Le second est la Parole ou l'ensemble des qualités divines, en tant qu'elles agissent sur le Monde Physique, en un mot l'action de Dieu sur celui-ci. Le Fils bien-aimé de Dieu, le Père, comme Créateur, est le Monde Physique. Le Verbe comme Premier Né du Créateur est l'instrument qu'il employa dans la Création et le type d'après lequel il donna la forme à la Matière. Il est le Souverain Pontife, le grand Médiateur entre la Divinité et l'homme ; il est l'Esprit de Dieu qui instruit le genre humain. Personne, ajoute Philon, ne saurait sonder la nature de l'Être Suprême ; il est seulement possible de conjecturer qu'elle est analogue à l'Esprit Humain quant à la pensée, à la matière du Soleil, quant à la pureté exquise de son essence. C'est pourquoi les Gnostiques et les Cabalistes donnaient à toutes les intelligences supérieures l'attribut de Eï, de Jehovah, de Elohim ou d'Adonaï, pour signifier que tout ce qui émane de Dieu est encore Dieu.

Alors apparurent dans un certain ordre d'idées, les Anges de Dieu, ou Fervers des Mages, monde invisible, type du monde visible, les Chérubins et les Séraphins, et dans un autre ordre idéal, les Anges du Démon, les Démons, les Dus, les Farfadets, les Vampires, les Orques, les Fées, les Nains, les Dormans, les Lutins, les Feux Follets, les Gobelins, les Feux Saint Elme, les Feux Grisou, les Lamies, les Lemures, les Loups-Garous, les Ardens, les Fantômes et les Spectres, et les bords de ce Fleuve dont les eaux qui se cachent lui valurent le nom de Rhin c'est-à-dire le Mystérieux virent apparaître aussi leurs Kobold, leurs Kreiss, les Quadragants et les Killecroff.

Anges.

ANGE est l'expression du Bien et du Mal : *ang-e* qui est bon et mauvais, gros et petit, large et étroit[1], c'est l'indication des deux extrêmes et voilà pourquoi nous avons des Anges de Dieu et des Anges du Démon, des Anges de la Lumière et des Anges des Ténèbres. Nous disons des anges que c'est une Substance purement spirituelle et intelligente et l'intelligence se rencontre dans le mal comme dans le bien. *Ang* signifie aussi fer et oiseau et voilà pourquoi les Anges ont des Ailes et comment l'Ange Gabriel est armé d'une Épée. *Ang* est aussi le synonyme de Ciel, et le ciel contient la lumière du Jour et les lumières de la Nuit, il est Ciel le soir et Ciel le matin, et *lus* signifiant Lumière et Prière, voilà pourquoi nous disons l'Angelus du soir et l'Angelus du matin.

Séraphins.

SÉRAPHIN signifie Étoile qui brille au Ciel : *phin* ou *fin* blanche, claire, luisante, *sera* étoile, *fin* au haut, *a* du, *ser* cercle et ciel.

Chérubins.

Et CHÉRUBIN : clarté autour du cercle; *in* lumière et clarté. *ub* autour, *cher* le cercle; et l'idée mystique s'empara de cette autre signification, Heureux dans le Ciel, *bin* saint, heureux, *u* dans, *cher* ciel et cercle.

Démons.

DÉMON c'est le mauvais Génie, la science du Mal et la lumière des Ténèbres ; *on* science, lumière et génie, *dem* mauvais et ténébreux, *dem* était un terme de mépris, de là notre mot *demi* en mauvaise part.

Orques.

ORQUES c'est la vie ; *orck-es* qui est l'existence, de là *orch* en irlandais œuf, symbole de l'existence, mais c'est la vie avec ses tortures, *ques* ou *kes* mauvais, tortueux, de là le basque *quescega* serpent, *or* vie, lumière — et en idées Astronomiques c'est l'Éclair accompagné de la Foudre, *kes* dard et foudre, *or* jet de lumière.

Gobelins.

Les GOBELINS étaient une espèce de Diables domestiques qui se retiraient dans les endroits les plus cachés de la maison, sous des tas de bois, on les nourrissait des mets les plus délicats parce qu'ils apportaient à leurs maîtres du bled volé dans les greniers d'autrui. Ils pansaient et étrillaient quelquefois les chevaux, d'autres fois pour se divertir ils faisaient du fracas dans la maison. On menaçait les enfants du Gobelin, dans les anc. mon. il est appelé *gobelinus*, esprit follet, démon qui se plait à faire des niches

---

1. Il est sans doute superflu de faire observer qu'un ANGLE ne pourrait porter ce nom sans la réunion de ces deux significations opposées de *ung* large et étroit.

et en breton *gobylin* esprit follet, esprit familier, loup garou. Orderic Vital, Moine Normand du XII° siècle parlant du Démon que Saint Taurin, Évêque d'Évreux, chassa du Temple de Diane et qui ne laissa pas de continuer son séjour dans la même Ville, ajoute qu'il y demeurait encore de son temps et que le peuple le nommait Gobelin.

Gobelin signifie — passé maître en plaisanteries, *lin* supérieur, *gob-e* en plaisanteries, niches, tours, facéties — délicat sur les morceaux, *lin* délicat, *gob-e* sur bouche et morceaux, de là en vieux français *gobeau* pour morceau — il veut dire aussi excès de tapage, *lin* excès, *e* de, *gob* bruit, tapage, et au point de vue Astronomique c'est indice de pluie et tache dans le soleil, *lin* eau, pluie, *e* dans, *gob* le cercle; *in* dans, *bel* le soleil, *go* vice, tache, défaut.

Vampire c'est la foudre destructive; *pir-e* qui est dangereux, destructif, *vam* feu, éclair, foudre, — qui ravage les montagnes et les vallées, *pir-e* dans montagnes et vallées, *vam* qui passe et repasse, ravage et désolation. **Vampires.**

Loup-garou est le nom que le peuple donnait à un Esprit malin très-dangereux ou à un Sorcier travesti en Loup courant les champs pendant la nuit. Garou veut dire Cerf, c'est cette réunion de noms de deux animaux, l'un marchant d'une vitesse extra-ordinaire, et l'autre n'allant qu'à pas de loup, qui causa dans le peuple d'abord l'étonnement, puis la crainte, et au fond Loup garou est la personnification de l'Éclipse de soleil : *garou* brutal, rapide, qui arrive inopinément, *lwp* voile, ombre, désordre, obscurité, c'est de là qu'en Grèce le Loup comme Symbole de l'Obscurité était sacrifié à Apollon le Dieu Soleil, et c'est de là aussi que dans la Religion Odinique est venue la fiction du Soleil dévoré par le Loup Fenris, et ce mot *fenris* constate l'État du Soleil au moment de l'Éclipse[2], *ris* jusqu'au, *fen* plus haut et plus bas, tête et extré-mité, *loup* obscurité et ténèbres. **Loups-garous**

Les Nains ou Korigans, naines, fées ou marraines, Elves de l'île de Man, composent l'ancien Peuple de Korydwen la Déesse Nature et de Gwyon le Médiateur Druidique. Ils avaient les grottes **Nains.**

Fées.

---

1. DYB signifie noirceur, obscurité et *dib* en arabe signifie loup.

2. ECLIPSE, *se* tampon, couverture, gaine, enveloppe, délà le breton *sea* robe, et tache, macule, *lip* glissant au bord, lèchant, de là le breton *lipa* lécher, *lipp* lèvre et bord, *ec* le jet de la lumière, *ec* Bœuf et Vache symbole du Soleil et de la Lune.

et les rochers pour demeure ; ils avaient leur arbre et leur fontaine ; les Naines et les Fées étaient tantôt des petites vieilles difformes et hideuses, tantôt de belles femmes savantes dans l'art de charmer et dans la Divination. Les habitants du Limousin appelaient les Fées *fadas* et ceux de la Marche *feas*. Nain signifie lumière, clarté, subtilité, utilité, propreté et bienfaisance, aussi est-ce une des Incarnations de Wichnou, et Fée, feas et fadas ont la signification de : Arbre, Feu, Source, Fontaine, lumière, science, magie, services et relations, moquerie, dédain, et on appelait dans l'ancien français un Enchanteur Faë et Faéric était l'art des Fées. Marraine veut dire l'amie, le lien de la famille, *e* de, *ain* famille et maison, *marr* le lien, l'amitié.

(marge : Marraines.)

Les Lamies étaient des Démons sous la figure de belles femmes avec le corps d'un serpent. C'est au fond l'Image de la Nuit et des lumières du Ciel Ténébreux ; *ies* véritablement, *lam* l'obscurité ; *es* lumières, clartés, *i* dans, *lam* l'ombre, la nuit, l'obscurité, de là l'irlandais *lamhadh* aller à tâtons et le basque *lamhopea* brouillard.

(marge : Lamies.)

Dus en breton signifie encore lutin, esprit follet. C'était une espèce de Démon et c'est toujours le même Emblème des Ténèbres, *dus* brouillards, ténèbres, obscurité ; *dus* en persan c'est le Diable et signifie aussi dans cette langue, fâcheux, déplaisant ; *dus* en grec marque le malheur, le mal.

(marge : Dus.)

Farfadet, c'est l'homme qui se croit Sorcier et qui n'a qu'une fausse science ; *et* apparence, *fad* magicien, sorcier, de là *fadha* en irlandais magie, *far* homme ; *et* avec, *fad* fausse, *far* science. Au point de vue Astronomique c'est la lumière blafarde, *et* avec, *fad* pâle, blafarde, de là *fade* en vieux français languissant, triste, *far* lumière.

(marge : Farfadets.)

Le Lutin, anciennement luits, luiton, venait la nuit tourmenter les vivants, *tin* désagréable, *lu* tourment, agitation. *Luits* signifie bruit, vacarme — *Luiton* grand tourment, *on* grand, *luit* bruit, tourment ; mais c'est aussi l'indice du Crepuscule, *luits* couleur sombre ; *luiton* lumière obscure, *on* lumière, *luit* sombre, obscure, *lutin* cercle rouge, *tin* malade, languissante, de là *tinios* en irlandais maladie, *lu* lumière, *tin* rouge, *lu* cercle ; *tin* la partie la plus basse, *lu* lumière et soleil.

(marge : Lutins.)

Esprit follet c'est la fausse science, la lumière dangereuse ; *let* fausse, dangereuse, mauvaise, *fol* science et lumière — et en

(marge : Esprits follets)

Astronomie c'est la petite Clarté, la lumière à faibles Rayons, *let* faible et petit, *fol* lumière, clarté et rayons[1].

Le FANTÔME est l'apparition fantastique, le simulacre d'un objet dont l'apparition cause fortement la surprise, la terreur ou la joie, le désir ou l'aversion. *Tom-e* qui est douce et désagréable, de là *tom* en gallois ordure et *tom* en hébreu perfection, *fan* image, idée, reproduction, apparition, ce sont aussi — les Lueurs sur les flots, *tom-e* au dessus des flots, des rivières, des fleuves, de là *toma* en irlandais flot et *tomenta* en basque tempête, *fan* lumière, lueur, éclair, apparition. — Les Lueurs dans les creux, les rochers, les cavernes, *tom-e* dans les rochers, cavernes, grottes, etc., *fan* lumières — et les Feux des Bûchers et des Tombeaux, *tom-e* au dessus des tombeaux, des sépulcres, des bûchers, *fan* le feu, la lumière.

Fantômes.

SPECTRE. Les Anciens croyaient à l'existence des Spectres, ils s'imaginaient que quand le cadavre est déposé dans le tombeau il en surgissait une ombre, une figure entièrement semblable qui se manifestait aux parents, aux amis des Morts, et ils avaient établi des Fêtes pour conjurer des Spectres, afin qu'ils ne vinssent pas effrayer les hommes par leur apparition. Le mot Spectre renferme cette définition, *tre* en place d'un autre, *spec* figure, image, apparence, de là le breton *specz* figure, apparence et l'ombre d'un mort, de là le latin *species* et notre mot *espèce*, mais employé avec le mot Solaire il a une signification rentrant dans les Idées Astronomiques et équivalente à Arc-en-Ciel. Le Spectre Solaire est le nom donné à l'Image coloriée que produit la lumière décomposée par son passage au travers d'un prisme ; il est composé de Sept franges diversement coloriées et disposées dans l'ordre suivant : rouge, orangé, jaune, bleu, vert, indigo et violet, et le mot SPECTRE contient également cette définition, *tre* plusieurs, de là l'irlandais *tread* troupeau, *spec* apparences, figures, couleurs ; *tre* à travers, de là *tre* en breton au travers, *spec* voile, ombre, surface.

Spectres.

Feu FOLLET exprime la clarté douteuse en même temps que la science astucieuse ; *et* avec, *foll* vice, défaut, tromperie, astuce, *feu*, *fw* science, lumière et clarté.

Feux Follets.

---

1. Les termes qui signifiaient Rayons ont signifié cheveux de là l'irlandais *folh* cheveux.

Feux Saint Elme.

Feu Saint Elme, c'est l'électricité durant la tempête, *elm*[1]-*e* pendant la tourmente, *feu*, *fw*[2] flamme, jet, éclair, foudre, *saint* venant de Dieu.

Feux Grisous

Feu Grisou c'est la foudre souterraine, effroi des mineurs, *grisou* très-pernicieux, *w* très, *gris* dangereux, pernicieux, *feu*, *fw* éclair et Fluide ; — *w* parmi, *gris* charbon, de là l'irlandais *gris* feu et charbon, et le breton *grisias* ardent et *grizein* ratatiner, racornir, *feu* fluide ; — *w* levain, ferment, *gris* charbon, *feu*, *fw* brûlant.

Ardents.

Ardent c'est la lumière, la science, le progrès qui marche ; *ent* marchant, *ard* feu, lumière, progrès, science, de là Ardents nom d'Académiciens à Naples.

Dormants.

Dormant dans l'acception de fixe, immobile, c'étaient — les Dolmen, pierres ou allées couvertes des Druides dont les Nains étaient les habitants nocturnes ; *mant* pierres, de là le breton *cimant* (*ci*-liaison) *dor* couvertes ; de là l'irlandais *dorach* ténébreux, — et les fontaines consacrées, *mant* vénérée, *dor* source, fontaine, de là *dor*, eau en gallois.

Lemures.

Les Lemures étaient des Génies malfaisants ou Ames des Morts inquiets qui revenaient tourmenter les Vivants. Les Romains avaient institué une Fête en l'honneur des Lemures ou pour apaiser ces âmes des morts. La cérémonie commençait à minuit : le Père de famille se levait de son lit rempli d'une sainte frayeur, et s'en allait à une fontaine nu-pieds et en silence, faisant seulement un peu de bruit avec les doigts pour détourner les ombres de son passage. Après s'être lavé trois fois les mains, il s'en retournait jetant par dessus sa tête des Fèves noires qu'il avait dans sa bouche en disant : « Je me rachète, moi et les miens avec ces « fèves. » Ce qu'il répétait neuf fois sans regarder derrière lui, l'ombre qui suivait était supposée ramasser les fèves sans être aperçue. Il prenait de l'eau une seconde fois, frappait sur un vase d'airain et priait l'ombre de sortir de sa maison en répétant neuf fois : « Sortez Mânes Paternels. » Il se retournait ensuite et croyait la fête bien et dûment solemnisée.

---

1. ELM et ELF sont synonymes, l'M et le F permutaient et en breton ils se mettent encore indifféremment l'un pour l'autre, *fa*, *ma* bon, etc.

2. Le dOuble W était changé en EU, c'est ainsi que le mot tailleur vient de *tœliwr* celtique.

Chacun de nous ayant son Étoile au Ciel, le mot Lemure fait allusion à ce qu'on appelle les Étoiles filantes ; les Ames des Morts auxquelles appartenaient ces Étoiles se détachant du firmament étaient par cela même supposées vouloir revenir prendre possession de leurs anciennes demeures ici-bas : *wr-e* parmi les clartés, les lumières, *lem* ténébreuses ; — *wr-e* du ciel, *lem* chûte, de là le gallois *lemmain* sauter et danser ; — *wr-e* des habitations, *lem* revendication.

Lemure marque aussi les plaintes, le bruit, les cris que ces âmes faisaient dans ces habitations ; *wr-e* dans les maisons, *lem* cri, plaintes, gémissements, lamentations.

Et Few ou Faw signifie peur, terreur, en même temps qu'il est l'expression de la puissance et des honneurs.

Le Géant QUADRAGANT est un Symbole du Soleil ; *ant* haute, élevée, *ag* lumière, *quadr* ou *cadr* belle, puissante, brillante, sublime.

Kreiss est le soleil dans le plein de sa force ; *kreiss* lumière, force et puissance, de là *Kreiste* en breton midi.

Kobold est la puissante lumière et le feu pénétrant ; *bold* puissant, divin, pénétrant, *ko* feu et lumière.

Killecroff est la lueur qui apppparaît dans les cimetières. *Croff* lumières, feu, lueurs ; *croff* qui réside, qui se balance, *e* dans, au-dessus, *kill* cimetières et tombeaux. Le Concile d'Elvire en l'an 305, can. 34, avait défendu de mettre des lumières dans les cime-tières afin que les corps n'en fussent pas troublés dans la paix de la tombe, mais les Killecroff sont ces clartés produites par les éma-nations des cimetières.

Le Flou bourguignon est synonyme de Loup en ce sens qu'il signifie obscurité et bête féroce, et synonyme de Nain, car il signifie aussi étincelle, subtilité, lumière faible, lu-mière légère ; de là le vieux français *fiou* faible, délicat, et le terme de peinture *flou* exprimant la grâce et la légèreté des touches.

Et la Vivre autre superstition bourguignone vient de *wiwre* qui signifie vipère, entrelacement et subtilité, coup de vent et tempête, en même temps que sécher, maigrir et avoir la maladie de consompiion.

Quadragant.

Kreiss.

Kobold.

Killecroff.

Flou.

Vivre.

Les Funérailles.

Aux Funérailles[1] des Anciens on célébrait une Agape[2] ou Banquet funèbre dans la maison du défunt où étaient invités ses parents, ses amis et les pauvres, afin que tous priassent pour lui après avoir pris la nourriture. Chez les Indiens cette cérémonie des Funérailles se terminait par un grand repas en l'honneur du défunt, c'était une véritable Fête, car grâce aux prières, on le croyait dans un état de félicité éternelle, et les Romains servaient particulièrement dans ces banquets des Pois Chiches, légume[3] que dans certaines contrées on est encore dans l'habitude de manger le jour de la Commémoration des Morts. L'usage du banquet funèbre se conserva chez les Chrétiens, et il existe encore dans diverses Communes de la Seine et de Seine-et-Oise.

Banquet et Pois Chiche sont ici une espèce de charade en action ; *banquet* est l'expression des toasts et discours qu'on est dans l'habitude de prononcer à ces sortes de réunions ; *ket* mode, manière agréable, *ban* proclamation à haute voix, action d'annoncer quelque chose ; *pwis* signifie louange, gloire, glorification et *chych* magnifique, splendide, brillante, etc.

Les Épitaphes sur les tombes et les Guirlandes de fleurs, Symboles de la beauté et de la fragilité étaient en usage avant l'introduction de la Religion Chrétienne.

Cloches.

Les Prêtres de Cybèle se servaient de Cloches ; Auguste fit placer des clochettes autour de la coupole du Temple de Jupiter Capitolin ; Porphyre raconte que certains philosophes de l'Inde se réunissaient au son d'une clochette pour prier et pour dîner ; Pline dit qu'il y avait des Cloches suspendues au Mausolée de Porsenna, Plutarque parle de véritables cloches qui appelaient les habitants d'une ville au marché aux poissons : des clochettes étaient attachées aux ornements sacerdotaux du grand Prêtre Hébreu, quinze siècles

---

1. **FUNERAILLES,** *aill-es* les honneurs, la distinction, les richesses, *or* dans, *fun* terre et trou, de là en irlandais *fun* terre et sable; *aill-es* traits, trait de visage, représentation, *er* en, *fun* chants, louanges, de là en irlandais *fun* chant.

2. **AGAPE,** *ap-e* chez le père de famille de là en hongrois *apa* père, *ag* manger, se nourrir. *Ap-e* qui est l'habitation, le couvert, le secours, l'aide, le soulagement, l'existence, la nourriture, *ag* en commun, en famille, en société, de là *ag* conjonction, copulative en gallois et en irlandais.

3. **LÉGUME,** *wm-e* de la mère, *leg* l'enfant de là en gallois petit. — *e* de, *um* corps, tronc. *leg* fruit, produit.

avant Jesus-Christ[1] ; les Cloches étaient donc connues dans les
Rites Religieux avant la venue du Christianisme, comme les Béni-
tiers à l'entrée de nos églises qui sont également empruntés aux
Rites Païens.

Cloch a commencé par exprimer la manière et l'action de se faire
entendre, puis il a signifié bruit et renommée, et *cloche* signifiant
renommée, réputation, exprima par cela même une imposition
de nom, et voilà comment nous avons eu l'analogie du baptême
des Cloches.

Nous pouvons faire observer que dans cette cérémonie le célébrant avec le parrain et la marraine, sonne la cloche trois fois
comme pour lui donner la mission, — *fugo fulmina* — de chasser
la foudre ; et voilà comment se contracta la funeste habitude de
sonner les cloches pendant l'orage.

Les Bois et les Grottes sacrés étaient encore au moyen-âge des
objets de vénération.

On consultait les Augures et les Enchanteurs. On portait des
Amulettes et quelques-uns portaient sur eux des feuillets de
l'Évangile et les suspendaient au cou de leurs enfants ; à leur naissance ils allumaient plusieurs Lampes en affectant à chacune un
Nom différent et donnaient au nouveau-né celui de la lampe qui
avait duré le plus.

On croyait fortement à l'influence des Astres, aux Présages, à la
Magie, aux Enchantements, aux Prédictions, aux Nœuds d'Aiguil-
lettes ; Paris n'était jamais dépourvu de Sorciers ou Devineresses.
Les sorciers pour leurs opérations magiques dépendaient les
cadavres attachés aux fourches patibulaires de Montfaucon, et par-
venaient à se procurer des enfants morts-nés, etc.

On croyait à la vertu des RELIQUES aussi fermement que dans   Reliques.
l'Inde on croit à la vertu de la Dent de Boudha et plus d'une Châsse
ou Fierte[2] de nos Saints acquit une grande célébrité. En 1207,
Baudoin, Empereur de Constantinople avait fait présent à Philippe-Auguste, d'un morceau de la Vraie Croix d'un pied de long,
des cheveux de Jesus-Christ, d'une épine de sa couronne, de ses
langes, de sa robe de pourpre, d'une côte de Saint Philippe, Apôtre,

---

1. Aaron, frère de Moïse, portait de petites clochettes à la frange inférieure de
sa robe sacerdotale.
2. FIERTE est le synonyme de l'ancien breton *fiertre* brancard.

et d'une de ses dents, et les moines de Saint-Denis avaient un bras de Saint Siméon, un saint clou de Notre Seigneur, la sainte Couronne d'épines encore bien qu'une portion assez considérable de cette couronne se trouvât déjà depuis longtemps dans l'Eglise de Saint-Germain des Prés, et encore bien que Saint Louis acheta dans la suite une autre sainte couronne d'épines tout entière, à l'Empereur d'Orient. Cet usage des Reliques vient des Gaulois qui avaient coutume de conserver dans des espèces de Châsses ou de Coffrets qu'ils plaçaient en évidence au coin du foyer domestique, les Ossements de leurs parents qu'ils embaumaient, dit Strabon, avec une essence nommée huile de Cèdre et qu'ils considéraient comme les Archives de la famille.

Les malades se faisaient oindre avec l'huile des lampes qui brûlaient dans les Lieux Saints et se faisaient aussi Imposer les Mains par quelques pieux Solitaires dans l'espoir d'obtenir leur guérison.

Sainte Véronique.

On avait déjà commencé à purger, depuis le Concile de Trente, les Bréviaires et les Missels, de leçons et de croyances absurdes ; par exemple, dans un Missel de 1488 on trouvait la Messe contre la Mort Subite ; en y assistant cinq fois avec un cierge allumé, on était garanti de la mort subite, comme l'expérience, ajoute le manuscrit, en a été faite à Avignon et dans les environs. Le même Missel, à la date du 4 février, contient la Messe de Sainte-Véronique ; dans sa vieillesse Sainte Véronique ne pouvait plus suivre Jesus-Christ, un jour elle lui prêta un voile, il s'essuya le visage et lui laissa son image empreinte sur le suaire. Elle s'en alla à la ronde avec le voile admirable et l'ayant étendu sur Volusien qui était perclus et bossu elle le releva, elle convertit Tibère en le guérissant de la Lèpre, enfin elle entra au Paradis[1] avec son suaire.

Véronique est un mot bien approprié à la Légende. Il signifie brillante lumière et parfaite ressemblance du Soleil ; *ik-e* au-dessus de la terre, *on* brillante, *ver* lumière; *ike* des rayons du soleil, *on* parfaite, *ver* image et ressemblance, — et signifie de plus écoulement d'eau sur la face ; *ik-e* sur le visage, *on* merveilleux, *ver* écoulement d'eau.

---

1. **PARADIS,** *is* qui est, *ad* lieu, champ, contrée, *par* beau. *Pardas* en zend lieu ou jardin de délices, *das* enclos, *par* beau, délicieux. En langage mystique lumière perpétuelle.

Dans différents lieux les noms d'Hercule, de Jason et d'autres Bienfaiteurs des Peuples s'étaient introduits dans les Litanies.

Dans plusieurs endroits, à la Pentecoste, on donnait la volée dans l'Église à des pigeons blancs au milieu d'un nuage de fleurs, de langues de feu et des bruyants applaudissements de la foule ; à Rouen, au moment du *gloria* on lâchait des Oiseaux avec des bonbons attachés aux pattes.

Les Curés de Paris ne permettaient pas aux nouveaux-mariés de consommer le mariage avant la Bénédiction du lit nuptial, et exigeaient encore des mariés, ce qu'on appelait le plat de nôces ; on payait aussi la Bénédiction des champs, des jardins, des puits, des fontaines, des maisons nouvellement construites ; la Bénédiction des raisins, des fèves ; la Bénédiction des cuves, des agneaux, du lait, du miel ; la Bénédiction des bestiaux en temps de peste ; la Bénédiction du sel que l'on donne aux troupeaux ; la Bénédiction de l'amour ou la Bénédiction du vin que le prêtre faisait boire à deux amants.

Bénédictions.

Tous les Curés de Paris refusaient d'enterrer un homme, qui avant de mourir n'avait point fait par son testament un legs au Clergé, et ses héritiers pour que la sépulture Chrétienne ne fût pas refusée au défunt, sollicitaient comme une grâce qui était toujours accordée, la faculté d'être admis à tester à sa place.

En 1315 des pluies continuelles accompagnées de frimas firent désespérer de la récolte, on eût recours aux Processions, on en fit une de Paris à Saint-Denis, où des personnes de tout âge et de tout sexe, figuraient les pieds-nus, et à cette occasion à Paris dans quelques processions particulières, les figurants, à l'exception des femmes mariées, étaient entièrement nus ; de pareilles nudités étaient même ordonnées par des tribunaux qui condamnaient des accusés des deux sexes à suivre les processions presque nus et à porter dans leurs chemises, leur unique vêtement, des pierres enchaînées.

Lorsque les prélats fulminaient une Excommunication contre un délinquant et que celui-ci refusait d'acheter son absolution, il était en usage pour épouvanter la multitude et lui inspirer de l'horreur contre cette résistance, d'éteindre les cierges, de jeter par terre les Évangiles, les Images du Christ, de la Vierge et des Saints, de les placer sur des épines et de les trainer en les frappant autour

**Excom-
munications.**

de l'église. Et, de même que les Hérules massacraient leur Roi quand des pluies détruisaient les Biens de la terre, dans plusieurs Villages aux alentours de Paris, les habitants accablaient de reproches et d'injures et jetaient dans les rivières la Statue du Saint qui n'avait pas assez de Vertu pour protéger leurs Récoltes contre les intempéries des saisons.

Envoulte-
ments.

Le nombre des Magiciens ou faiseurs de maléfices était très-considérable à Paris. Lorsqu'on voulait faire languir ou mourir un individu dont on ne pouvait facilement approcher, on composait un vœu ou volt et on l'envoultait, et voici en quoi consistait l'Envoultement, ce sortilége qui est une tradition de l'Antiquité et dont on trouve la trace dans Virgile, dans Ovide et dans Platon ; on fabriquait une Image en argile, le plus souvent en cire, et, autant qu'on le pouvait, on la façonnait à la ressemblance de la personne à laquelle on voulait nuire ; de plus, on donnait à cette image le nom de cette personne en lui faisant administrer par un Prêtre et avec les cérémonies et prières de l'église, le Sacrement de Baptême ; on l'oignait aussi du Saint-Chrême, on proférait ensuite sur cette image certaines invocations ou formules magiques ; toutes ces cérémonies terminées, la figure de cire ou le Volt se trouvant suivant l'opinion des fabricateurs en quelque sorte identifiée avec la personne dont elle avait la ressemblance et le nom, était à leur gré torturée, mutilée, ou bien ils lui enfonçaient un stylet à l'endroit du cœur. On était persuadé que tous les outrages faits, tous les coups portés à cette figure étaient ressentis par la personne dont elle portait le nom, si on la faisait dessécher ou fondre au feu, la personne dépérissait et ne tardait pas à mourir, et dans le commencement du XIVe siècle, l'Évêque de Troyes fût compromis dans l'affaire du Volt composé dans le dessein de faire mourir Jeanne de Bourgogne, épouse de Philippe-le-Bel.

Volt signifie pointe, dard, stylet, tout ce qui perce, coup en général, et *veu* ourdir, tramer, porté à mal faire ; — et triste, mou, languissant, flétri.

César en parlant des Gaulois, dit que les Druides interdisaient les Sacrifices à quiconque refusait de se soumettre à leurs sentences, que ceux qui avaient été interdits étaient réputés impies et scélérats, qu'ils n'étaient plus reçus en justice et que tout le monde les fuyait dans la crainte que leur abord et leur entretien

ne portassent malheur ; la Religion Catholique succédant au Druidisme n'avait pas de motifs pour changer cet usage, et les Papes
employèrent aussi les armes de l'Excommunication ; Philippe-
Auguste vit son royaume en Interdit, et l'horreur pour les Excom-
muniés était telle qu'il ne resta auprès du bon Roi Robert que deux
domestiques, encore faisaient-ils passer par le feu tout ce qu'il
avait touché.

A Paris existait encore au moyen-âge, et exista même jusqu'au
milieu du XVIIIe siècle, la Procession du Mannequin de la Rue
aux Oues ou aux Ours, Mannequin d'environ vingt pieds de haut,
représentant un homme tenant en main une Épée ou Poignard ;
cette cérémonie était accompagnée de feux d'artifice. Suivant le
vulgaire, l'origine de cette procession provenait d'un coup de cou-
teau donné par un soldat à une Image de la Vierge placée au coin
de la Rue aux Ours et de la Salle au Comte. Les Religieux de
Saint-Martin des Champs recueillirent la figure de la Vierge et la
placèrent dans la nef de leur Église près de l'entrée du chœur
où elle fût longtemps confondue avec une autre Madone[1] nommée
Notre-Dame de Carole. Il y a peu d'analogie entre cet outrage
à l'image de la vierge et la promenade de la figure d'un grand
mannequin, ce n'est pas là que nous retrouverons l'origine de cette
procession, et les noms d'Oues, d'Ours et de Notre-Dame de Karole
sont restés pour nous l'indiquer.

Mannequin : signifie reproduction et personnification des usages;
kin notions, usages, coutumes, *mann-e* en figure, en reproduction
ou personnification.

Les Gaulois, aux temps de l'indépendance et du culte druidique,
avaient la Danse de l'Épée ou du Poignard , *(karol ar kleze)* et les
Gardes-Suisses donnaient encore des représentations de la danse de
l'épée à la Cour, sous Louis XIII et Louis XIV. Dès la plus haute
antiquité on a dansé pour honorer les Dieux; la danse parût toujours aux hommes un moyen convenable de manifester leurs sen-
timents d'amour et de respect envers un Être Suprême ; aux Indes
on pratique encore les danses dans toutes les processions comme
tradition du vieux Culte, car le Soleil réglait la danse des Sphères
Célestes ; et *dancz* est l'expression de la rotation et du mouvement

*Rue
aux Oues ou
aux Ours.*

Danses.

*Danse
de l'Épée.*

1. **MADONE,** *done* la Souveraine, la Sainte, *donea* en basque saint et *donesa* sainteté,
ma bienfaisante et féconde, de là *ma* en breton bon et abondant.

circulaire, Moïse et Marie, sa sœur, après le désastre de l'armée
Egyptienne, dansèrent en conduisant, l'un un chœur d'hommes, et
l'autre un chœur de femmes ; les filles de Silo dansaient durant la
Fète du Tabernacle, quand elles furent enlevées par les jeunes gens
de la tribu de Benjamin ; le peuple d'Israël[1] qui dansait devant
l'arche imitait en cela comme en bien d'autres points, les danses
des Égyptiens devant le tabernacle d'Isis. Les Saliens, prêtres de
Mars, institués par le Sabin Numa, dansaient aussi en frappant
leurs boucliers. Les Solitaires Esseniens des environs du lac Mœris,
se réunissaient toutes les sept semaines et dansaient une danse
qui imitait, dit-on, le passage de la mer rouge ; et les premiers
Evêques Chrétiens menaient la danse des enfants de chœur dans
les Fêtes solennelles. On dansait autour du feu de la Saint-Jean
devant la porte de l'Église comme les Daclytes Idéens avaient dansé
jadis autour du Feu Sacré qui brûlait en l'honneur du Soleil ; ailleurs c'étaient des Inspirés, qui, commençant par une danse me-
surée, se sentaient peu à peu pénétrés de l'Esprit de la Divinité
qu'ils adoraient, se trémoussaient violemment et s'abandonnaient
à de rapides contorsions décorées du nom de Fureur Sacrée ; Athé-
niens et Romains dansaient aux funérailles.

Et si au pays des Montezuma[2] comme dans la patrie des Incas[3],
à Carnac, près de Luxor, comme à Carnac[4], dans notre Armorique,
on retrouve les Monolythes Sacrés, les longues pierres des Sanctuaires du Soleil, les Autels du sacrifice et les Tertres Funéraires,
nous retrouvons aussi au Mexique les souvenirs de l'ancienne
Danse Religieuse, là, la procession patronale s'ouvre par une dou-
zaine d'Indiens, coiffés de petits chevaux en carton, tout remplis
d'artifices allumés avec lesquels ils dansent en avant et en arrière;
arrive ensuite la Sainte-Vierge, grande statue en bois peint avec
l'Enfant Jesus qu'elle tient dans ses bras, puis des Indiens bran-

---

1. ISRAEL, *ël* lieu, *ra* vraie, *is* foi ; *ël* foyer, *ra* vaste et la plus haute, *is* lumière.
2. MONTEZUMA, *zuma* le plus élevé, *mont-e* en honneurs, en distinctions.
3. INCAS, *ca*, *cas* action de vénérer, de respecter, *in* la lumière, le soleil.
4. CARNAC, indique d'abord la situation du lieu ; *nac* auprès, *car* embouchure, confluent, — puis ce que ce lieu renferme: *nac* haut, élevé, *car* pierre; *nac* caverne,
grotte, tombeau, *car* pierre ; *nac* asile, refuge, *car* fermé ; *nac* tertre, élévation *car*
parent, ami, bien aimé. *Ac* lieu, *carn* principal ; *ac* avec, *carn* tertre et monceau de
pierres; *ac* pierres en pointe, *carn* amoncelées, de là l'irlandais *carnta* entassé, de
carn vient notre ancien mot *cairn* et l'irlandais *cairneach* prêtre et qui vit dans des
rochers.

dissant de petits sabres de bois, dansant devant un groupe aussi
en bois peint, représentant Jesus portant sa croix et l'apôtre qui
l'aida dans le douloureux trajet, et la procession est fermée par le
Clergé et le Saint-Sacrement; et, sans compter nombre de fusées
volantes tirées durant la marche, on a placé, de distance en distance, sur le chemin parcouru, d'immenses soleils qui sont allumés
les uns après les autres, au passage du Saint-Sacrement; le Curé a
soin de faire une pose jusqu'à ce que tout soit consumé, et pendant
ce temps là les cris et les danses redoublent de fureur.

Oues, *wes*, *oes* signifie pointe, épée, épieu gaulois, et *ours*, *wrs*
procession, sauts, gambades.

Dans la rue aux OUES ou aux OURS le Christianisme s'empara
donc de l'ancienne Cérémonie Druidique dite la danse de l'Épée,
et Notre-Dame de Karole vient encore en témoigner; car le mot
karole en vieux français signifie Danse, *carol* en breton et *caroll*
en anglais ont cette même signification, et *carola* en italien est un
bal public.

Les Danses Macabres ou Danses des Morts représentaient, dans   Danse
Macabre.
une série de tableaux, la mort s'attaquant indifféremment à toutes
les classes de la société et entraînant avec elle, dans son branle
terrible des individus de tout âge et de toutes conditions. La mor-
talité immense que les maladies contagieuses amenaient aux XIIIe
et XIVe siècles développèrent cette idée accueillie par des instincts
d'égalité et de rébellion. A Paris c'était au cimetière des Innocents,
sous la galerie occupant une partie de la largeur de la rue de la
Ferronnerie, qu'était peinte cette fameuse danse des morts. Il se
peut qu'un troubadour ait porté le nom de *macabrus* comme l'annoncent quelques historiens, mais *macabre* dans notre ancien
langage veut dire: fantôme, gambades et contorsions; *cabr-e*
avec gambades, sauts, cabrioles, contorsions, *ma* figure, ombre,
déguisement, fantôme et squelette.

A Paris, le jeudi qui précédait le dernier jour du carnaval, on   Bœuf-Gras.
célébrait la cérémonie du Bœuf-Gras, qui, dans quelques lieux de
France est nommé le Bœuf Villé, Violé ou Viellé. Ce bœuf paré
comme les victimes que les Anciens allaient immoler, portait sur
son dos un enfant nommé le Roi des Bouchers, et qui tenait d'une
main une épée nue, de l'autre un sceptre doré. Le bœuf avait sur
sa tête une grosse branche de laurier-cerise et était couvert d'un

tapis. Cette cérémonie avait ordinairement lieu vers l'équinoxe du printemps, époque où le soleil entrait dans le signe zodiacal, appelé le Taureau, objet de vénération chez tous les peuples où le Culte Astronomique avait pénétré, et l'on se rappelle que parmi les bas-reliefs du monument trouvé à Notre-Dame on voit figurer ce Taureau revêtu de l'Étole sacrée.

Le laurier-cerise est consacré à Diane, à Bacchus et à Appollon ; et le Bœuf est le Symbole du Soleil. Bœuf-GRAS signifie feu resplendissant ; *gras* brillant, resplendissant, aimé, affectionné, *bœ-uf* Père-Feu.

Cette cérémonie bien qu'ayant lieu vers l'équinoxe du printemps, le précédait toujours, et on ajouta au mot Bœuf les mots Villé, Violé, Viellé pour indiquer que le Soleil ou Père-Feu est encore dans une espèce d'obscurité ; *wyll-é*, *wywlé*, *wywyllé* dans l'obscurité.

Bœuf-Gras Villé, Violé et Viellé a aussi cette autre signification de bœuf rôti, grillé pour fêtes et réjouissances ; *gras* rôti, fricassé, grillé, brûlé de tous côtés, *willé*, *wywlé*, *wywyllé* dans fêtes, féries, réjouissances et divertissements.

Mystères.

Chez les Anciens, le Drame était dérivé de la poésie théologique et sacerdotale, et Platon nous apprend qu'antérieurement à la fondation d'Athènes on représentait les mystères invisibles de Dieu et de la Nature, les forces de l'Univers, les Puissances Célestes, terrestres, infernales, en les personnifiant, en leur faisant parler le langage de l'homme que l'on mettait en lutte avec ces puissances inexorables, et qui finissait par en triompher. A Paris, on mit en action les faits dont l'Église célébrait la Commémoration, c'était ce qu'on appelait des Mystères : ces représentations se faisaient en plein soleil sur les places, et parfois en transportant d'un lieu à un autre la scène et les acteurs. L'abbé Lebœuf parle d'un mystère représenté au temps de Henry Ier, dans lequel Virgile allait avec les Prophètes adorer Jesus-Christ. Les cordonniers de Paris représentaient les mystères de Saint Crépin et Saint Crépinien, les tapissiers la vie de Saint Louis. Le public n'était pas seulement spectateur, il se faisait acteur, quand Charles VI célébra splendidement son mariage avec Isabelle de Bavière, en 1390, quelques Bourgeois de Paris qui étaient dans l'habitude de se réunir les jours de fête, s'entendirent pour donner des spectacles et des,

FIN